罪を償うということ

～自ら獄死を選んだ無期懲役囚の覚悟

美達 大和
Mitatsu Yamato

小学館新書

本書は、無期懲役囚として長期刑務所に服役中の著者によって書かれたものです。被害者感情を考慮し、著者名はペンネームにし、刑務所名も伏せてあります。（編集部）

はじめに

みなさんは、「LB級刑務所」という言葉を聞いたことがあるでしょうか？

LB級刑務所というのは、10年以上の懲役刑（L級のLはロングのこと。2010年以前は8年以上の懲役刑）で、かつ、犯罪傾向が進んでいる（悪質な）、暴力団員である、それに関係の近い再犯者である、などの要素を持つ受刑者を収容する刑務所のことです。俗にいう「凶悪犯」が集められている施設とも呼ばれています。

私は、そこで服役して既に四半世紀以上となる者です。生来、好奇心旺盛な私は服役する前は、我が身を差し置いて、長期刑務所にはどんな極悪人がいるのだろうかと、半ば楽しみでもありました。

実際に服役した経験については、おいおい述べますが、小説・ドラマなどでの刑務所・受刑者の描写通りというわけではなく、さらに出所者やライターの綴《つづ》る「刑務所・受刑者モノ」のノンフィクションも、必ずしも正しいというわけではないことを痛感したのです。

刑務所といっても成人が入るものだけでも全国で60カ所以上あり、規則や制度は法律をベースにしているものの、各刑務所で微妙に異なります。それに加えて、概《おおむ》ね2年に1度所長を含む上級幹部職員たちが人事異動で交替すると、法律の範囲内とはいえ、所内の規則や制度は異動してきた幹部の方針によって変えられてしまうのです。

また、2007年6月1日に施行された『刑事収容施設及び被収容者等の処遇に関する法律』は、1908年（明治41年）の『監獄法』以来の改正で、従来より受刑者の権利（そのいろいろについては本書で紹介します）や生活が大きく変わりました。

私が「刑務所・受刑者モノ」の小説・ドラマ・ノンフィクションなどの作品について感じることは、正確さに欠けるということです。

たとえば、有名なベストセラー作家の人たちが書いた刑務所小説や、罪とは何かという小説には、世間の評判ではリアルだ、よく描けているとされながら、受刑者の私や他の囚人たちからみると、失礼ながら笑ってしまうような作品が少なくありません。

優れた作家の人たちですから、周到に取材したと推測されますが、リアリティを担保するためには取材相手に何を尋ねたらいいのかがわかっていませんし、取材される側も、何をどう伝えたら作品がそれらしくなるのか、まったく把握していないのです。

このギャップは、昔から解消されずに残っている課題となっています。

犯罪者の罪と罰についても、巷間《こうかん》ではヒューマニズムや、人間のこうあるべき理想の姿、観念が優先され、犯罪者は獄中で己の罪を悔い改め、更生の道を苦難と共に歩むものだという、現実には極めて少ない例が一般化されています。

初めて服役する者が送られる初犯刑務所のA級刑務所（刑期10年未満で、初めて刑務所に入る者の刑務所）ならば、そのような例も稀《まれ》とは言えないでしょうが、過半の受刑者は再犯を繰り返す、あるいは犯罪傾向の進んだB級受刑者で、そのような更生物語は稀少《きしょう》です。

私自身、LB級刑務所の住人となるまでは、人というのは己の罪を悔い、反省を経て真面目に生活するように変わるのが普通だろうと考えていました。しかし、現実はまったく違いました。人間がこれほど堕落するものとは、想像の枠外でした。

さらに、「人は変われる、変わるもの」という言葉の響きも虚《むな》しいとしか思えないほど、再犯を繰り返す者たちには反省などなく、自らの罪については一顧だにしないのがあたりまえの世界でした。

刑務所や受刑者を扱ったノンフィクションでは、犯罪心理学の専門家（多くは大学教授）が、受刑者に直接インタビューなどの調査をした上で書かれた書が少なくありませんが、それらも実は正確とは言い難いのです。なぜならば、再犯を重ねてきた受刑者というのは、反省の弁を述べるのが巧妙なだけではなく、どう言えば相手が満足するか、喜ぶか熟知していて、本心とは異なる対応をすることがよくあるからです。

受刑者の本音を知ることができるのは、その言葉と行動の差を客観的に観察、分析できる素養を持つ同囚及び、性質を知り尽くした一部の刑務官だけなのです。むろん、刑務官に対しては仮釈放のこともあり、常に本音を吐露するわけではありませんが、有能な刑務官は受刑者の腹の内など見抜いています。ただ、それを指摘しないだけです。

ではいったい、受刑者は己の犯した罪について、どのように考えているのか、なぜ自由がない刑務所に何度も入るのか、なぜ気の弱い人、おとなしい人が殺人犯になるのか、将来の生活について、どう考えているのか、長期刑受刑者と短期刑受刑者の違いは何か、曲解が多い無期囚の生活・制度全般、刑務官についてなど本物の現実を綴ってみよう、というのが本書の趣旨になります。

さらに受刑者の高齢化問題、世間に正確に知られていない無期懲役刑・無期囚と死刑制度について、ヤクザの受刑者の最近の実情、無期懲役刑の終身刑化など、個性あふれる受刑者たちのエピソードと共に綴ってみることにしました。最終章には私自身の罪と罰について の所懐《しょかい》もありますが、本書を読まれる人の疑問を大いに啓《ひら》くことができたら幸いです。

なお、犯罪者の私がこのような書を世に出すこと自体に、強いアレルギーを持つ人もいるでしょうが、虚心に一読してくれることを切に願っております。

第1章

LB級刑務所の実態

凶悪犯罪者が集まるLB級刑務所

2009年までは、LB級といえば旭川刑務所、岐阜刑務所、徳島刑務所、熊本刑務所の4カ所（全国の刑務所は約60カ所）だけでしたが、厳罰化で長期刑受刑者が増えたので、現在では10カ所以上の刑務所に収容されるようになりました。LB級のLはロング（長期）という意味で執行刑期が10年以上である者を指し、Bは犯罪傾向が進んでいる者を指します。簡単に言えば、凶悪犯罪者たちが収容される刑務所と言っていいかと思います。

同じ刑期10年以上であっても、初めて服役する初入者はA級刑務所に移送されます。A級というのは初犯者、初入者のことです。ここでいう初犯者は、あくまで刑務所に入るのが初めてという意味で、初めて捕まったということではありません。

逮捕歴があっても、服役歴がなければ（起訴猶予、不起訴、罰金、執行猶予つき判決などで）A級となります。

他の指標としては女子受刑者のW級、外国人受刑者のF級、26歳未満の受刑者のY級、精神上に障害・疾病があり、医療刑務所への服役が求められるM級、身体上の障害・疾病があり、医療刑務所への服役が求められるP級などに区分されます。

さらに同じ初犯者でも、刑務所ではなく、全国に4カ所認められた「社会復帰促進センター」という官民協働のPFI（プライベート・ファイナンス・イニシアチブ）施設に収容されるスーパーA級という指標も作られました。再犯ゼロを目指すとしている、このスーパーA級の資格は刑期が概ね5年未満、社会にて同一業種での就業が3年以上、被害者に深刻な被害がない、共同生活に支障がない、などであり、並の受刑者は該当しません。

ここに収容されると、受刑者ではなく「センター生」と呼ばれ、職業訓練や各種資格の取得など、指導が充実していて、まさに社会復帰を促進するための施設となっています。ここで規則を破る反則事犯を起こした者（各情報によれば、1回ではなく、2回又は3回で）は、普通の刑務所への移送になるそうです。いずれにせよ、私たちLB級の「極悪人」には夢のまた夢の施設であることには違いありません。

LB級刑務所の常識

既に服役して四半世紀以上が経ちましたが、まさに「光陰矢の如し」で、こんなにも短く感じてしまうものかと驚くばかりです。私が刑務所の工場に配役（刑務所に移送され、各種テスト、幹部との面接などの「考査期間」を終えて工場に配置されることです）された時、周りの受刑者は私の刑期について、「無期は、さすがに短いとは言えませんが、美達さんが想像するほど長くは感じないはずです」と言ってくれました。

私に対する配慮なのだろうな、と思ったのですが、私の後から配役されてきた受刑者たちに対する言葉を聞いていると、そうでもなく、本当にそのように考えさせられる思潮、文化、共同の認識があることを知ったのです。

それは有期懲役刑（ここでは刑期10～30年）の受刑者への言葉が物語っていました。受刑者たちのコンセンサスでは、「12年の刑？　なあんだ、右向いて左向いたら終わります」というようなもので、これは15年程度の刑でも同様でした。

初めは、虚勢、見栄を張っているのかとも感じたものの、そうではなく本音だったのです。刑期20年を超えると、やっと長いかもねと言われつつ、それでも「すぐに終わります」と結ばれます。

15年や20年という歳月は、幼児だった子どもが成人するくらいの時間です。それを、右向いて左向いたら終わります、あっという間と形容するのですが、今の私は、本当に大した期間ではない、という認識になってしまいました。「人間に慣れない環境はない」というドフトエフスキーの言葉のように、すっかり長期刑務所の時間感覚になってしまうのです。

そのもう一つの例として、出所までの時間感覚があります。長期刑受刑者は、残りの刑期が5年を切ると「なあんだ、もう、もらったようなものじゃない」と言い合います。5年というとA級B級の短期刑刑務所では、「果てしなく長い刑」に入るのです。それが3年であろうと変わりません。それなのにLB級刑務所では、まるで来週にでも終わるような感覚になります。残りの刑期が3年を切ったとなると「もう終わりじゃない」となり、1年を切ると「体半分シャバ（社会のことです）に出たね」となるのでした。

ですから、初めから2年とか3年あるいは5年程度の刑など、刑のうちにも入りません。「ああ、10年から15年の刑なら、カネ次第でまた務めてもいいな」という受刑者が少なくないのも宜《むべ》なる哉《かな》です。

私も長く務めている側に数えられるようになりましたが、所内では通算服役歴60年以上の長老を筆頭に、まだまだ長い者がゴロゴロいます。そういう先輩たちが、まだ30年とちょっととか、35年超えたとか、平然と話しているのが凄《すご》いです。

私は社会にいた若い頃、新聞やテレビなどで懲役3年とか聞いただけで、その人の人生は終わったな、と感じていました。懲役10～15年などとなれば、途轍《とてつ》もなく長い、半ば永遠に近いという感覚でしたが、いざ自分で務めてみると、「こんな程度のものか」となったわけです。子どもの頃に読んで永遠の期間とも感じた『巌窟王』の獄中生活は、「わずか14年」でしかなく、今なら毛ほども長いとは感じられません。

その理由は、周囲の者も長期刑であり、人は自ずと他と比較してしまう相対性を持っているからだと気が付きました。

時間の経過と加齢というものがこんな程度だと知っていれば、生き急ぐこともなく、もっとゆっくりと生きてもよかったと悟った次第ですが、人生は一度きりだけに残念でした。

前述のように何十年も服役している者がいるというのは、有期懲役刑ではなく、無期懲役刑だからですが、この無期囚についての世間の情報が誤りと曲解に満ちていることには嘆息するばかりです。無期囚については後で詳述するとして、まずLB級刑務所の住人たちとは、どんな連中か紹介しましょう。

住人たち

ＬＢ級とは称するものの、刑期10年以上の長期刑受刑者だけが住人ではありません。刑期10年未満の短期刑受刑者も収容されています。短期刑受刑者の罪名は、「窃盗」と「覚醒剤取締法違反」が約６割を占めます。

入所受刑者の年齢別構成では、男女ともに40代が最多で、再犯者が多いということが推測されます。また、近年の顕著な特徴として65歳以上の高齢受刑者が増し、それが後述するように塀の中の問題となってきました。

特に女性受刑者の65歳以上は15・０％となり、絶対数が少ない女性受刑者の中で増えてきて、男性受刑者同様に介護の問題を惹起《じゃっき》しています。この高齢受刑者の罪種では詐欺が多くなるのが特徴ですが、詐欺といってもみなさんが想像する知能犯的なものではなく、無銭飲食のことです。

再犯ともなれば、たかだか１０００円前後の無銭飲食でも２～３年の懲役刑となります。

ここで述べる再犯とは刑法第56条による、前回の刑の執行（仮釈放で出所した場合は出所した日ではなく、その刑期の終了を表す満了日）を終えた日から5年以内に再び犯罪に走ることで、再犯加重として長期の2倍以下の刑まで科すことができます。

具体的には詐欺は刑法第２４６条で10年以下の懲役刑なので（日本の財産犯は刑が軽過ぎます）、20年以下の刑まで科すことが可能です。

そのような事情があり、常習犯罪者になると、数百円の窃盗で3年以上の懲役刑もあります。ちなみに窃盗も10年以下の懲役刑と軽い刑です。犯罪は割りに合わないと言われますが、日本の財産犯（窃盗、詐欺、横領、強盗など）は、強盗以外は、不正に得た金額によっては十分に割りに合うものと、再犯を繰り返す受刑者の頭の中では考えられているのです。

欧米、アジアでは財産犯は重罪の国が多く、アメリカでは窃盗でも詐欺でも、日本のように「併合罪」での裁判ではなく、事件1件ごとに個別に判決を科されるので、1件ごとの被害額が小さな窃盗・詐欺でも、5〜20件となれば数十年、数百年の懲役刑となってしまいます。

併合罪というのは、何件もある犯罪について、その重いものを主として裁き、判決も重い犯罪の量刑が主体となり、他の犯罪の量刑は「おまけ」みたいな刑にしかならないというもので、これが何度も社会と塀の中を往復する「懲役太郎」を日本で生み出す原因となっているのです。

その「懲役太郎」には圧倒的に短期刑受刑者が多く、彼ら彼女らは通算の服役年数では、15年、20年の豪の者が少なくありません。中には通算で17回、40年間近くを塀の中ですごした60代半ばの者もいましたが、1回毎《ごと》の刑は1年6カ月から3年前後と短いことが多かったので、その過程では深刻に考えていないのです。

そうして、60代半ばになると長期刑受刑者、短期刑受刑者を問わず、己の行く末について、はたと気付きます。もっとも、その時は仕事のスキルもなく、勤勉さも持ち合わせていないので、時すでに遅しという者ばかりです。

このようになってしまう大きな理由は、短い刑を繰り返すという「懲役太郎」にとっての「日常性」にあります。この手合いにとって、1年6カ月から3年までの刑期は想定内のことであり、務めたいと思う刑務所の希望を出し、実際にはどこに移送されるかはわからなくても、「いつもの」服役生活が始まるだけということなのです。

受刑者に人気の北海道、嫌がられる西日本

希望した施設に必ず移送されるとは限りませんし、全国に8つ（札幌、仙台、東京、名古屋、大阪、広島、高松、福岡）ある矯正管区（各地域にある刑務所などを統括する刑務所の上級組織。トップは管区長で刑務所長より数段上の役職。年に1回の管区幹部の刑務所巡回では刑務所の幹部職員に緊張が走る。刑務所の人事を担当する他、受刑者の処遇、規則などの指示、通達も出します）では、初犯・再犯はどこそこの施設と大体はルートが決まっています。

ちなみにベテラン受刑者の第1希望は断然、北海道の施設です。夏は本州より涼しく、暑い期間も短くてすみます（近年は必ずしもそうではないとの情報もあります）。おまけに全般的に食事も良く、B級の札幌刑務所など、全国食事人気ナンバーワンの施設です。

他にも北海道の職員は総じて本州などの職員に比べ、受刑者を人間扱いしてくれる人の比率が高いです。寒い季節でも、秋と春の一時期を除いて暖房が入っているので、すごしやすさという点でも北海道は人気の地になっています。

対して西日本は厳しい施設が多く、人気薄です。B級では名刑（名古屋）、京都がきつい

と定評があります。私がこんなことを知っているのは、全国の刑務所を「行脚巡礼」しているベテランの「懲役太郎」たちから聞かされるからです。刑務所の世界は約半数がリピーターなので、私のいる施設でも「同窓生」が頻繁に再会しています。

そうして、△△のオヤジ（職員のことです）はまだ元気でしたかとか、あそこのメシはまずかったとか、行状《ぎょうじょう》きつかったですね、などと「業界」の話に花が咲き乱れるというわけです。行状というのは、その施設での生活のしやすさ、規則や職員の指導管理の厳しさの度合いを示す言葉です。

「行状がきついけど、仮釈がいい（服役が短い期間で仮釈放をくれることです）」とか「どうせ仮釈わずかなんだから、行状の緩い所がいいな」などと使います。この行状は各施設の伝統ですが、上級幹部が人事異動で替われば、極端に厳しくなることもあります。

このことを「締める」と称していて、「今度の金線は締めるよな」と話をするのです。金線というのは制服の袖と帽子に金色のモールが入っている上級幹部のことを指す言葉です。

長期刑受刑者と短期刑受刑者の「務め」の差異

この節でのテーマは、長期刑受刑者と短期刑受刑者の違い、務め方（日々の生活の仕方です）の差異とします。読者のみなさんからすれば、再犯を重ねる「懲役太郎」は同じようなものかもしれませんが、刑の長短で異なる部分もあるのです。

長期刑受刑者と短期刑受刑者の務め方の差異には多くの点が挙げられますが、表面上で目立つものならば、受刑者同士のコミュニケーション密度と、言葉遣いが異なることです。これに気付いたのは、私が工場にて就役している時でした。

その時に従事していた作業の事情によって、指定の入浴日ではない日に特別に入浴することになり、浴場の使用時間の関係で、短期刑受刑者だけの工場と一緒になったのです。

脱衣して入浴を待っている間、彼らの話し声が耳に入ってきますが、その言葉遣いが乱暴で粗雑なものでした。互いへの配慮は感じられず、私たち長期刑受刑者たちの間での言葉遣い・態度とは天と地の差だったのです。

私たち長期刑受刑者も決して品があるとは言いませんが、短期刑受刑者たちの遠慮と相手への気遣いに欠ける話し方、言葉遣いに驚きました。そこで気付いたのは、長期刑受刑者の世界における安全保障措置としての話し方、態度、言葉遣いでした。

長期刑受刑者というのは、いざという時の負のエネルギー量、衝動性、執着心、激情など、諸々《もろもろ》の要素が大きいために重罪を犯し、凶悪犯となったケースが過半です。そのため、人間関係においての軋轢《あつれき》、摩擦が瞬く間に大事に至ることも十分に考えられます。

加えて、ただでさえ自由を制限された務めをしているので、同囚とトラブルを起こして懲罰になる不自由と不利益は避けたいところです。

懲罰になれば、その罰を受けている期間（その間は朝から就寝時まで）、テレビ・ラジオ視聴、面会や手紙の発受信（出すことはもちろん、受け取ることもできず、手紙・面会で社会とやり取りできる交通権の停止となります）の禁止、新聞・本の閲覧禁止、筆記用具・ノートの使用禁止になります。

その他に、優遇措置に対する罰則により6カ月間、菓子の購入、面会・手紙の発信回数の削減などの措置を受けることになるわけです。

不自由と不利益を回避するため、発火すると大きな事故になりやすいお互いのリスクを回避するために、長期刑受刑者同士の会話は言葉遣いも丁寧で表面上は友好的です。ここが短期刑受刑者たちとは大きく異なります。そのため、私のいる長期刑務所は、再犯のB級の短期刑務所に比べて事故が少なく懲罰になる者も少数です。

その点では「落ち着いた」刑務所と言えます。余談ですが、最も「落ち着いていない」刑務所は26歳未満のY級でヤクザを収容する刑務所（Y級の少年刑務所）です。ここの「卒業生」たちの話では、各工場で喧嘩《けんか》のない日は少なく、度々非常ベルが鳴らされ、元気バリバリの警備隊の職員が工場に駆けつけてくると聞いています。

警備隊というのは、刑務所職員にとって花形の部署の一つです。ある刑務所では受刑者同士の喧嘩で非常ベルが鳴った際、一番早くその工場に駆けつけた職員には職員用食堂での食券が支給されると、複数のY級刑務所の「卒業生」に聞かされました。

ともあれ、長期刑受刑者たちは、自分たちの負のエネルギーが強いことを無意識のうちにも感じ、平生は相手への配慮を忘れませんが、いざ己のエゴが全開になると、激情化することは否めません。

短期刑受刑者の間での言葉遣いが粗雑なのは、喧嘩になっても重大な事故になることが少ないことと、服役回数が多い再犯者の割合が高いので、一種の「すれた」感覚もあるかと推測されます。長期刑受刑者、短期刑受刑者の両方と接した上での感想として、エゴ、我の強さの度合いでは、断然、長期刑受刑者の方が上です。

平生は気のいいおじさん（普段から悪いおじさんというのは少数派です）に見えるのに、いざ自分の欲求や利得や価値観が絡むと途端にエゴ剝《む》き出しのわからず屋になってしまいます。

そして、職員の理性を保持した（私のいる施設の職員の親切さは表彰ものです）指導・説明に、道理の通らない主張を繰り返し、挙げ句、キレて罵倒する、鉄扉（居室のドア）を蹴とばすなどモンスター化するのです。ああなるほど、こんな性質を持っているから、長期刑を科されたのにもかかわらず反省もできないのだな、と納得できます。

再犯を繰り返す受刑者は、自己を客観的に見つめるメタ認知ができない者が多いですが、長期刑受刑者には一層その傾向が見られます。自分は常に正しく、他人がやれば悪だが、自分がやるぶんには、悪ではないのだという思考回路の持ち主が多いのが特徴です。ただし、普段からエゴ全開という者は少なく、それぞれが安全な距離を保ちつつ生活しているのが、長期刑受刑者の務め方と言えます。

長期刑受刑者と短期刑受刑者の生活パターンの差

長期刑受刑者の刑期は軽く10年を超えるので、その期間のすごし方について考える者もいないわけではありません。このような表現をしたのは、そのような者が多くはないからです。大体の者は毎日、テレビを友とし、有効な時間の使い方とは無縁のライフスタイルで務めますが、長期刑受刑者と短期刑受刑者では違いが出るのです。

中でも最も際だった差異は「取り組み方の差」と言えます。刑務所では自由時間のことを余暇時間と呼びますが、この時のすごし方として、何かの勉強、資格取得に取り組む比率は圧倒的に長期刑受刑者の方が多いのです。

これは時間的な問題もありますが、短期刑受刑者の感覚では、あくまで「いつもの務め・日常」が懲役になり、長期刑受刑者では、たとえ再犯といえども長い桎梏《しっこく》の期間を前に、あるいはその途上で、はたと己の来し方や行く末について思いを致すことになり、では何かを始めなければならない、時を無駄にすごしてはいけない（もったいない）となります。

ただし長期刑受刑者だから、多くの者がそのように思い至るのではなく、全体から鑑みれば2割弱の割合でしょうか。この2割弱という数字は、厳密に数えたわけではありませんが、私の見た体感での数値で、それほど外れたものにはならないです。

現在の刑務所は、毎日テレビが観られ（施設によっては、新入受刑者の間の6カ月間は週に3～4回の所もあります）、免業日と呼ぶ休日には午前中に映画の録画ビデオが流されるなど、テレビ好きには堪《たま》らない環境になっています。

この免業日の映画のビデオは月に7～8回もあり、ほぼ娯楽時間なのです。加えて受刑者という種族は、テレビでも食事でも文句・苦情を口にしつつも、しっかりと観て、食べる輩《やから》なので、そのテレビの誘惑を振り切ってまで勉強などに取り組む者は少数になってしまいます。これが短期刑受刑者であれば、よほどでなければ勉強なんてしません。

長期刑受刑者の中には、己が来し方を顧みて、今のままではいけないと一念発起する者が少ないながらも出てきています。その点、再犯を重ねてきた短期刑受刑者には、そうしたことがないといっても過言ではありません。

人間は加齢と共に成熟するという言葉は、物事を思考する、己を顧みるという人にとっては該当しても、何も考えず、反省もせずという大半の受刑者には該当しません。その場合、成熟ではなく腐敗と劣化が進むだけです。劣化という点では、長期刑受刑者の健康と体調維持に関する意識と努力にも、短期刑受刑者とは比較にならないくらいに高いものがあります。短期刑受刑者でも、他の受刑者とうまくやれると官が判断すれば、長期刑受刑者がメインの工場に移されることが少なくないのですが、その時、一様に短期刑受刑者が驚くのは、長期刑受刑者たちの工場では運動を定期的かつ熱心にする者が多いということでした。

長期刑受刑者のほとんどが出所する時には40代半ばから50前後の中年期を迎える状況があり、更生してまっとうに働くにしろ、現状を維持したまま犯罪人生をまっとうするにしろ、自身の体が正常に動くというのが大前提になるからです。

無期囚の仮釈放は30年以上と厳罰化

世間では、無期懲役刑受刑者（以下、無期囚）は、服役15年前後、あるいは20年くらいで仮釈放されると思っている人が少なくありません。

メディアが短絡的に「知の巨人」「インテリジェンスの達人」などと称している人物の

著書でも、そのように記述され、どこがインテリジェンスの達人かと、その調査不足の怠慢と無知に失望しますが、現実の無期囚の仮釈放までの期間は、１９９０年代以降、急激に長期化して、30年を優に超えるようになっています。15年で出られるなどというのは、30年以上も前の１９８０年代までのことです。

塀の外にいる知人に調べてもらったところ、法務省のホームページによれば、２０１７年度に仮釈放で出所できた無期囚の平均服役期間は33年２カ月です。２０１０年、２０１１年に至っては35年を超えています。その無期囚も、ここ10年あまりで急増し、２０１７年末時点で全国に１７９５人になっていました。

『無期刑の執行状況及び無期刑受刑者に係る仮釈放の運用状況について』によれば、２００８年から２０１７年の10年間に、仮釈放された者が84人、獄死した無期囚が１９３人となり、無期懲役刑イコール終身刑とも言われるようになっています。無期囚の仮釈放が難しくなり、かつそれまでの期間が長くなれば、刑務所内における無期囚の比率も高くなり、私のいる施設では全受刑者の約３割弱が無期囚でした。

その無期囚の犯罪内容では、なんと言っても強盗殺人（刑法第２４０条）が多数派です。

他には強姦《ごうかん》殺人（同第181条）、放火殺人（同第108条）、強盗強姦殺人（同第241条）、私のような確信犯としての計画殺人（同第199条）、殺人以外では覚醒剤など違法薬物の大量輸入・販売（覚醒剤取締法第41条）、飛行機奪取（航空機の強取等の処罰に関する法律・ハイジャック）、身代金目的誘拐（刑法第225条の2）などがありますが、ほとんどは強盗殺人です。

強盗殺人は死刑又は無期しかなく、これは現在では強制性交と改称した強盗強姦殺人でも同じです。もっとも死刑又は無期しかなくても、情状に酌量すべき点があれば、有期懲役刑になることもあります。

無期囚の犯罪実例としては、2017年度に仮釈放の審査にかけられた無期囚は40人いましたが、強盗殺人以外の者は14人（そのうちの3人が強姦殺人、4人が放火殺人でした）しかいません。ちなみに仮釈放が許可されたのは9人のみで、42年1カ月服役している者も不許可となっています。

初めから強盗殺人をするつもりだった無期囚は多くない

ただ、初めから人を殺して金品を奪ってやろうという意志での犯行はあまり多くないというのが実状です。

単に泥棒をしたところ、空き巣狙いをしたところ、家の人に見つかった、家の人が帰ってきて遭遇してしまい、捕まって刑務所に入るのが嫌だから殺してしまったというケースが本当に多いです。

要は、強盗などする気はなく、窃盗の常習犯がいつものように泥棒や空き巣を働いたところ、人に見つかり殺してしまったという犯罪で、本人には計画的、意図的な殺意はなかったというわけです。

しかし、私が検察官のように真綿で首を締めるように追及したところ、「必死でした」「夢中でしたので……」という建前を捨てて、「叫び声を聞いたりしているうちに、殺さなければ自分がヤバいと意図的な殺意を抱くようになっていた」と、ほぼ全員が〝自供〟しています。もちろん、裁判の場では、そんなことなどおくびにも出さす、「必死でわかりませんでした」「気付いたら死んでいました」などと演技しますが、これは再犯を繰り返す受刑者にとっては、脊髄反射みたいなものです。

こうしたケースの他にも、自分が貸した金を払わないので取り立てに行き、相手の態度に怒りを爆発させて殺害、証拠隠滅のために放火した、知人に強盗の計画を持ち掛けられ、承諾して現場に行き、そこで初めて殺害すると知った、会社帰りの会社員をいつものごとく恐喝しようとしたが抵抗されたため胸を押したところ、転んで後頭部を縁石に打って死んでしまった、など、本人の計画とは別の結果が出てしまったというケースもあります。

後者の2人の無期囚は、このような状況だったこともあり、自分の方が被害者ですと嘆いていましたが、これは受刑者の態度として珍しいことではありません。再犯を繰り返す受刑者の多くが、自分の犯行について反省することなく、被害者があんな所にいるから、抵抗するから殺されたのだ、という解釈でいます。

強盗殺人犯は意外と気のいい小心者が多かった

私は服役前、殺人犯というのは、見るからに凶悪で邪悪な心を持った人間が多いのだろうと予測していましたが、実際に共に生活してみると、そうとも言えない人が大半で、むしろ気のいい、気が弱い、小心な人が多かったのです。

前述したように殺人は想像だにしていなかった、単に空き巣や窃盗を企図していただけということが多数を占めます。このような受刑者は、窃盗で何度か服役歴があるものの、自分が殺人を犯すとは微塵も考えていなかったのです。

それなのに、誰かに見つかって、捕まりたくない一心で殺してしまったわけですが、これはこの種の事件での法廷でお約束のごとく言われる、「衝動的にやりました」「夢中で何が何だかわかりませんでした」というものではありません。この点、長期刑務所の受刑者たちは、法廷でこれを口にするのは当然と笑ってさえいます。これについて、私なりに調べてみました。

たとえば、私のいる刑務所には、塀の付近の内外の清掃や草刈り、高い塀で囲まれていない農場での作業のために、刑期10年未満の短期刑受刑者も移送されてきます。現在の私は工場に出役しないで、昼夜単独室での作業と生活をしているので、懲罰者（受罰者と称されます）や、当所で務めるために全国から（中心は関東圏内ですが）移送されてくる新入受刑者（移入者と称します）、拘置所で裁判を受け、刑が確定して、どこかの刑務所に移送されるのを待っている受刑者（確定者と称します）らと一緒のフロア（棟）にいます。

そのため、週に2～3回（回数は、その週の入浴日の都合で変わります）の屋上での運動時間

（40分弱）には、彼らと共に2人から4人程度での運動（ほとんどは、ただの会話です）となり、その時にはいろいろ「インタビュー」「調査」「生活相談」「安全へのガイダンス」「有益な務め方指南」となるわけです。

中には服役歴8回、10回、13回、17回という強者も少なくなく、短期刑ゆえに回数を重ねられる背景があります。そのため、社会と塀の中を往復する常習犯的犯罪者、悪党とされています。

ですが、彼らは長い間、服役を繰り返してきても、他者の生命を奪うという、人にとっての越えてはいけない一線を越えることなく、生命論理の面では安全な犯罪者、生命リスクの少ない小悪党の域を堅持して生きています。

他者の財産並びに貞操を奪うことはあっても、生命の一点のみは断じて奪わず、ひたすら短期の懲役刑に特科し、法務省矯正局の業務を減らすことなく、常連顧客の座を守り続けてきたのです。

中には少年院どころか、それより年少の悪い子が送られる教護院出身者も少なくありません。小学生の頃は教護院、中学卒業後は、初等、中等、特等の少年院、そして少年刑務所（26歳未満の刑務所。服役中に26歳になると一般の刑務所に移されます）、普通の刑務所、そしてLB級刑務所にて服役するというのがワルの超エリートコースになっています。もちろん、少年院の次に、大きくステップアップして、LB級刑務所というコースの者も時には見られます。

このように施設入所を繰り返す者でも、殺人という一線は越えないことが多いのですが、殺人罪の受刑者、無期囚らは、その一線を軽々と越えてしまうのです。私が短期刑受刑者らに、「なぜ、何度も悪事を働いてきたのに、人は殺さないできたのか？」という問いを投げ掛けると、誰もが異口同音に「それだけはヤバいです」と言っています。「それだけは」の意味は、人を殺すという大それたことはできない、という論理より本能に近い感覚、反射、ということと、殺人罪の刑の長さはとても耐えられない。人生が終わってしまう、という功利主義、己の利得と損失の計算によるものということがあります。

ごく稀には、自分がそんなことをしたら家族が世間から糾弾される、職を失うなど、正常な感覚からの意見もありましたが、これは非常にレアケースで、受刑者の大半はとっくに家族との連絡、絆《きずな》など失っているのが普通です。

ならば短期刑を重ねる受刑者たちは、小心で度胸がないのか、温厚で優しいのかといえば、そうとは限りません。暴行や傷害を繰り返す粗暴犯でも短期刑受刑者ですし、逆に無期囚には普段、粗暴とは縁がない者が少なくないのです。

では、何が他者の生命を殺《あや》めるという一線を越えさせたのでしょうか？

私は服役以来、自分も含めて、ずっとそれを考えてきました。そのために同囚の言動と行動を具《つぶさ》に観察して分析してきたつもりです。

その結果、これだと知ったのは各人の「エゴイズム」の強さと、倫理観の欠如でした。

このエゴイズムの強さが、他者の生命より自らの欲望、願望を優先し、倫理観のなさが、殺人を重大な禁忌としなかったのです。もっとミクロに突っ込んでみると、無期囚、殺人犯といえども、多少の倫理観を持つ者はいますし、社会の常識や通念を身につけている者はいます。

しかし、平生は正常のように見えても、いざ自分の欲望や感情が膨れ上がると、倫理や常識は一瞬で吹っ飛び、他者の生命を奪えるようになるのです。ただ、その時に行動させた力には、怒りが加わっていることが重要なファクターになっています。

殺人に駆り立てるには、怒りの情動と合理化が不可欠です。私がこのように考えるようになった契機は、無期囚や殺人によって受刑者となった者たちと付き合ってみた時、「なぜ、こんな気の弱い、小心な人に殺人ができたのか、ただのこそ泥、おっさんではないか」という感情を抱いたからでした。

こいつは生まれつき凶悪犯だ、なるべくして殺人犯になったという受刑者は、ごくごくわずかで、私の見た限りでは片手の指の数で足りるくらいです。また、ヤクザでは抗争事件などで、組のために敵対組織の組員を殺害して務めている者がいますが、彼らの大半は、損な役回りであることを承知で引き受けてくるだけあり、本人自身のエゴイズムは強くなく、損得より組織の大義を優先する、肚《はら》のすわった、しっかりした人間でした。余談ですが、私が付き合ってきて、最も人格、人柄がいいと感じた受刑者は、このように組織のために自己犠牲で服役している面々でした（もちろん例外もいて、いくつになってもくだらんチンピラでしかない、みっともないヤクザもいましたが）。

どうしてこんなに性格がいいのだろうか、ヤクザでなければ、どの業界でも人望を集めて相応の人生を送っていたのに、と思う者が多く、「ヤクザをやめて事業の世界を目指したら」と、何人にも言ってきました。

こういった受刑者を別にすれば、初めから計画的に殺害した私のような確信犯は稀少で、ほとんどのケースが行きあたりばったりで、その場で犯行に及んでいるのです。

まずベースにエゴイズムの強さ、これは身勝手とも置き換えられるのですが、それと倫理観の稀薄さ、欠如があり、それらに犯行時の怒りと合理化が加わると、小心な人間でもやすやすと殺人という高い壁を乗り越えてしまうのです。

「自分だけは常に正しい」と考える

その怒りと合理化は、犯行時にこんな形で表れます。

まず怒りについては、自分が盗もうとしているのに、発見、阻止された時の相手の行為、言葉などで怒りの感情が湧き起こります。社会常識を弁《わきま》えている読者のみなさんは、盗もうとしている自分が悪いのに相手に対して腹を立てるとは、と感じるでしょうが、受刑者にとって自分のその時々の行為は「常に正しい」のです。もっとわかりやすく言うと、窃盗、泥棒が悪いと知っていても、自分のしていることは、それらとは異なる「お仕事」であり、「生きるための手段」という捉え方をしています。

他の者がやれば盗人でも、自分がやれば「お仕事」なのです。これは言い逃れや言い訳ではなく、本人は当然のように躊躇《ためら》いなくこう考えています。それが再犯を繰り返す受刑者の思考回路だと知っておいて下さい。

韓国では文在寅《ムンジェイン》大統領の独善的政治を揶揄《やゆ》して「ネロナムブル」という言葉がありますが、この意味は、「私がやればロマンス、他人がやれば不倫」という意味で、身勝手さということでは同じ構造です。常習犯犯罪者の思考とはこういうもので、1920年代の禁酒法時代のアメリカ地下社会で、100人以上の暗殺と密造酒販売によって現在価値で1兆円以上の収益を上げた「暗黒街の帝王アル（アルフォンス・ガブリエル）・カポネ」でさえ、自分は世の中のためになることをしている、奉仕していると語っていましたが、本人は嘘《うそ》を吐《つ》いているとは、いささかも考えていなかったでしょう。

盗みに入ったのに邪魔をされ、発見されて自分の身の逮捕、その後の服役の危機にさらされているとなれば、その相手に怒りが湧くのも、殺人を犯すような犯罪者には自然な流れなのです。

ここで、見つかったが、相手は殺せないとなれば、あっさり窃盗罪で捕まることになりますし、逃げようとして相手に抵抗すれば、刑がぐっと重くなる強盗になります。

強盗罪は刑法第２３６条により、５年以上の有期懲役刑、もし、相手を傷つけてしまえば同第２４０条の強盗致死傷で無期又は６年以上の懲役刑、殺した場合は強盗殺人罪で死刑又は無期となるのです。

この場合の「傷つける」は、爪で相手の顔や体を引っ掻《か》いただけの傷、手足などを縛った際についたかすり傷でも、立派な傷となります。

そうして、自分の「お仕事」が邪魔されたのみならず、大声を上げられたり、自分を捕まえようとしたりする相手に対しての怒りは、相応なものという合理化につながっていくのです。

そういう種族ゆえに、何度服役しても、暮らしやすいとはいえ、自由ではない刑務所に入ることから脱しようとはせずに同じ過ちを重ね続けられます。

よって、自分の「お仕事」を邪魔し、剰《あまつさ》え捕まえようとする、通報しようとする相手は悪にしか見えません。相手が悪である以上、自分がそれを排除しようと行動することは善であり、許されることなのです。

日頃は小心でおとなしい者でも、怒りの感情と、自分は間違っていないのだという合理化の思考によって、夢中と言いつつ、夢中ではない明確な意図を持っての殺害ができるようになります。

このようなタイプの受刑者は、冷静、水のように冷めた、穏やかな状態で人を殺すことはできませんが、諸々の条件と状況が揃《そろ》えば実行できるのです。その結果が無期懲役刑で、自身では、自分のようにおとなしく穏やかな人間がなんで無期なのか、と殺した被害者を恨んでいるのが一般的でした。

普通の人どころか、再犯を重ねる「懲役太郎」の短期刑受刑者でさえ、殺人という最後の一線は越えないようにしているのに、長期刑務所に入る無期囚や殺人犯は楽々と一線を越えてしまうのには、このような事情があるのです。

私自身、服役してみて驚いたことの一つは、自分が悪いのにもかかわらず（何の落ち度も恨みもない人に対して窃盗を働くことです）、無期囚になった、服役することになったのは、相手が悪いからだと、真面目な表情で話す多数の同囚を目のあたりにしたことでした。

むろん、彼らは官（刑務官のことです）に対して、こんなことは言いません。ひたすら反省していますという弁を口にし、被害者の供養（毎月1回、外から僧侶が来て被害者の供養をする「命日会」があり、みんな、これに出ます）にも精を出し、一心にシャバ、仮釈放を目指しているのです。官としても強制ではありませんが、無期囚には「命日会」に出といた方がいい、とやんわりと告げています。

長期刑務所の職員は、受刑者の本質を熟知しているので、ある程度は本心を知っているのですが、それでも共に生活していれば、受刑者には親身になってくれる人も少なくありません。特に私の務めている所は、全国の刑務所を行脚しているワルたちが口を揃えて「親切」「優しい」「人として扱ってくれる」と評するほど、情のある職員が多い施設です。

これは第2章で詳述しますが、四半世紀以上務めてきた私が、この人は反省している、更生するであろうと思った受刑者は数人しかいません。あとは官への口ぶりとは裏腹に反省は言葉だけとか、表層だけの浅いもので自己満足している受刑者ばかりです。

そんな受刑者たちですが、私も年を取ったのか、以前のような批判的な感情はなく、それなりにいい部分も持っており、面白い、親切な、人柄のよいところも十分にある種族なのだな、と寛大な目で見るようになりました。

無期懲役刑が終身刑化している理由

その無期囚に関して言えば、前にも述べたように、仮釈放までの服役年数が長くなり、毎年の仮釈放での出所者より、獄死する無期囚の方が断然多いご時世となって久しい状況です。前述したように２００８年から２０１７年までの10年間で仮釈放84人、獄死１９３人です。

私が見た中にも、30年弱務めて仮釈放になったのに、たった６カ月で戻ってきた無期囚や、仮釈放で何年も社会にいながら、犯罪に手を染めて戻ってきた無期囚がいます。

その場合、前より条件が悪くなり、本人の「10年から15年で出ます」という言葉の期間は、とっくに過ぎ去ってしまいました。その背景には２００４年の刑法改正によって、有期刑の上限が従来の20年から30年になったことも関係しています。

有期刑の上限が30年なのに、無期刑がそれより短いのはおかしいという理屈です。一見、正しいように感じますが、刑法第28条の仮釈放の規定では、有期刑は刑期の３分の１を経過した後、無期刑については10年を経過した後、行政官庁の処分によって仮に釈放することができるとされているので、その法の精神を優先するなら、30年という期間にこだわる理由の根拠は薄弱と言えます。

仮釈放などについては後ほど詳しく述べますが、無期刑イコール終身刑に近いというのが現実であることに間違いはありません。無期囚たちの反省心のなさを知っている私としては、妥当と感じる半面、人のいい無期囚の同囚たちの顔が浮かび、何人かは仮釈で出てもいいな、とも考えさせられます。「罪を憎んで人を憎まず」と言われますが、私のように人格者ではない者、徳のない者でも、共に生活して、相手の人となりを知ることで、自ずとそう感じてしまうものなのでしょう。

このように感じてしまうのは、被害者とその遺族の側の視座がないからです。また、犯行に及んでいない平生の状態の者だけと接しているため、どうしても普通の人に見えてしまいます。すると、どうしてこんないい人、おとなしい人が、そんなことをしたのだろうとなってしまうわけです。

世間から凶悪犯と呼ばれている受刑者がいるＬＢ級刑務所で生活していても、日頃から悪い奴と感じる者はほとんどいません。何かの折りに、その片鱗《へんりん》を見せるだけです。その時に、「ああ、なるほど、これか」と納得できます。

私のように獄中で犯罪者（もちろん私もその一人ですが）たちと付き合っていると、なんでこの人が（こんな所にいるのだろう）、と感じることが多く、その人が抱える悪への起爆剤とは何だったのか、疑問や興味が尽きません。この点も後ほど述べる予定です。

受刑者の高齢化により刑務所は福祉施設の一面も

近年、刑務所も社会と同様に高齢化の波に呑み込まれつつあります。通常の社会では加齢に伴って定年退職となるわけですが、受刑者に定年はありません。「生涯現役」みたいなもので。昨今の「人生１００年時代」の流れで白寿の受刑者が誕生するのも時間の問題でしょう。

そして、刑務所での受刑者の高齢化は紛れもない現実の姿となりました。

今から15〜16年ほど前、就役していた時、複数の工場で受刑者の平均年齢を何人かで計算したことがありました。私は40代半ばでしたが、平均年齢はいずれも50歳を少し超えていました。

この当時、工場で80歳を超え、同囚から「天皇」と呼ばれる無期囚の大ベテラン受刑者がいましたが、彼は昭和30年代から務めている兵《つわもの》でした。

刑務所では行進、作業、食事、着替えなど、他の者と共にできなくなれば工場就役をさせません。この「天皇」は作業では眼鏡をかけず、義歯もないという剛の者でしたが、そのうち体がいうことをきかなくなり、工場就役から外され、その後、間もなく病舎（社会でいうと病院）に収容、それから何年もしないで亡くなりました。

他にも高齢の無期囚で獄死した人を何人か知っていますが、みな病舎にて、最期を迎えています。体が動かず、職員や看病夫（エリート受刑者がこの役になります）の介護を受けての生活になりました。

長期刑受刑者には無期囚もいるので、社会に出られなければ、どうしてもこのような末路を迎えることになるわけです。こうして他界すると、引き取り手のない遺骨は刑務所の無縁墓地に置かれます。そこは1年に1回、盆の頃に超の付く模範囚である1類の受刑者が、掃除・草むしりに行くそうです。これは、その1類の受刑者から直接耳にしましたが、誰かが墓参りをした形跡はなく、彼いわく、これこそ無縁仏というのが実感できます、とのことでした。

度々服役を重ねてきた受刑者なのに、獄死・無縁仏を厭《いと》うのですが、無期囚だけではなく、更生しない受刑者であれば、獄死の可能性は決して低くはありません。ましてて、その多くが自己の非行により家族・親族と疎遠なので、無縁仏になるのは必至です。

私からすれば、獄死を心配するより、更生を期する方がはるかに先決問題だと考えるのですが、受刑者は、それまでのプロセスがどうであれ、獄の中で終わることだけは避けたいと宣《のたま》います。

己を改善更生しなければ確率2分の1のロシアン・ルーレットと同じなのにと、論理的思考を超越したその楽天ぶりに驚くばかりです。

刑務所の高齢化は、再犯受刑者の高齢化だけが原因ではありません。昨今、再々メディアを賑わせる「暴走老人」「キレる老人」による犯罪も一因になっています。他にもグローバリズムなど、新自由主義経済という名称下での社会構造の二極化、つまり格差も関連しているのです。

社会で生活していた人が、犯罪に走る動機には、衝動的・激情的な感情や欲望の他に、経済問題という大きな要因があります。このことは、毎年の新入受刑者の3割から5割前後が犯行時に無職だった事実が雄弁に示しています。

受刑者という種族は概ね、計画性や経済観念が著しく欠けているのですが、このような性質を持つ人は一般人の中にも存在しています。その人が若年の頃から、肉体労働従事者だったケースでは、高齢のためにその仕事ができなくなり、転職するにもスキルもなく、非正規雇用の低賃金に甘んじられるならまだしも、まったく職に就けないこともあるのです。

そのような人が年金の範囲で暮らすことは難しく、不足分を犯罪によってカバーすることになり、これも高齢受刑者の増える原因となっています。私の経験では、刑務所に来る高齢受刑者には、年金や各種社会保障とは無縁という者が大半です。

低賃金であっても、勤勉に働き、手にした賃金の枠内で生活できるのなら問題はなくても、塀を乗り越えてしまう人というのは、その点からして正常ではありません。結局、刑務所というのは私も含めて「どこかに正常ではない部分」を持っている人の集積場と言えるでしょう。

刑務所へ来る高齢受刑者は決して不幸ではない

刑務所にやって来る高齢受刑者について、社会の善良な人々が気の毒、可哀想《かわいそう》と語るのをメディアを通して散見しますが、その慈悲深い思いに共鳴するものの、実情はちょっと違います。彼らのうちで少なからぬ人が、積極的に刑務所に入る、あるいは、いざとなれば「寄場《よせば》」（刑務所のことです）があるさ、という心構えで生きていることは否めません。一般的に服役を繰り返す「懲役太郎」は、家族との縁もなく、知人、友人もいないものです。

まして高齢受刑者ともなれば、刑務所内だけではなく、仮に出所したとしても正真正銘の「独居老人」として生きていくしかありません。

仕事があれば、職場で誰か話し相手もいるでしょうが、高齢者ゆえに働いていないケースが圧倒的であり、塀と社会をシャトルバスのように往復してきた人生ゆえに、地域の人々との交流、接点もなく、一人で生きているという状況です。

独居老人なら、まだ住む所があるので恵まれていますが、服役と社会の往復ばかりである高齢受刑者には帰る所もありません。刑務所で2年なり3年なり作業をして手にする「報奨金」（賃金という資質ではなく、あくまでも作業の報奨ということなので、1カ月の金額は「10等工」の約500円から「1等工」の約7000円、〝エリートコース〟に乗ると、それなりの部署に回され、手当や割り増しが付いて約1万5000円前後となります）は、所内でも日用品などを購入するため、出所時には3万円から5万円もあればいい方です。これが長期受刑者ともなれば、出所時には数十万円、100万、200万レベルになりますが、数年の刑では出所して一杯飲んだら、さあ、どうする⁉ の額でしかありませんから、すぐに仕事（犯罪）に手を出すことになります。

高齢受刑者の出所は、家なし、職なし、カネなし、夢なし、家族なし、前科たっぷりが基本パターンです。おまけに更生どころか、職探し以前に労働意欲がありません。さらに致命的なのは、一定の金額内で生活する、次に入金がある日までを計画的にやり繰りするという観念がゼロということです。

この点は、高齢受刑者だけではなく、再犯受刑者の大多数が同様で、更生だ、矯正だという以前に、計画的にお金を遣う金銭管理、生活設計をしっかり教えなければなりません。高齢受刑者のほとんどが、社会で正常に生きるあらゆるスキル、常識を持っていないのです。

これらの人が、職を探しても就職できない時には、行政の利用方法を知っていて生活保護を申請、その支給額の中で生活できれば刑務所などに入らなくてもすみますが、そうした知識も観念もない以上、「懲役太郎」になるのは必然です。

高齢受刑者たちにとって「寄場」は安住の地

私は工場と現在の環境下で、多くの高齢受刑者と接してきました。彼らが何を考え望んでいるのか、いろいろと話し込んできたつもりです。驚くことは、長い長い務めを終えて出所が近い高齢受刑者の大半が喜びなどなく、出たらどうやって生活しようかと途方に暮れていることでした。そのうちの何人かは、私の前で涙を流して泣くのです。

「出たら、どこでどうやって生活するのかわからない」「このままここに置いて欲しい」

など、出所など寸毫《すんごう》も望んでいません。そのうちの数人の老囚は、「もし、自分に人を傷つける、殺める度胸と体力があれば、そのような犯行で長期の刑を科されたい」と真面目な表情で語るのです。

「美達さん、人を傷つけんで、長くなる（長期刑になる）犯罪って、どんなのがありますかね？」と尋ねてきた人も1人や2人ではありません。

被害者が出ない犯罪となると、高度な知的レベルを要するものになるので、ここは面倒でも短いションベン刑を重ねていくしかありませんが、社会にいれば、奉仕でもできるのに、なんともったいないことかと嘆息しています。

窃盗を重ねてきたある老囚は、「老化による体力不足で盗むことができなくなったら、無銭飲食の詐欺をやるしかない」と淋《さび》しそうに語っていました。このように高齢受刑者たちにとっては、「寄場」が安住の地なのです。

人生の過半、特に成人後のほとんどを塀の中で過ごしてきた老囚たちにとっても、いくら昔の刑務所に比べて、娯楽センターのようになったとはいえ、刑務所という所は「社会の生活と比べると」甚だしく不自由であることは論を俟《ま》ちません。

それなのに、高齢受刑者たちは、「寄場がいい」と語ります。それには複数の理由があるのですが、第一には「衣・食・住」の完備が挙げられます。この順序としては、他と比較にならないほど「住」が重要です。高齢受刑者たちのほとんどが宿なしであり、出所後、一時的に仮釈放によって更生保護施設の「保護会」に入ることができたとしても、刑の満期日には出なくてはならないのが基本です。近年は、毎日の食費約1000円前後を払えば、極めて低料金で利用できる出所者支援施設もありますが、まだまだ少数かつ地域的にほんのわずかしかなく、需要を満たすことはありません。

ここで、「保護会」について説明します。更生保護施設として全国に103カ所あり、収容定員は2385人です。2010年代以降の毎年の出所者は概ね2万人強というところですが、この中で宿なしは半数前後とされ、とても足りるものではありません。

この「保護会」、受刑者が希望すれば必ず入れるものでもなく、「調整」と言われる審査があり、それに通らなければ引き受けてもらえないのです。世間では、受刑者に身元引受人がいない場合は、仮釈放にならないという認識があるようですが、「保護会」が引き受けてくれたならば仮釈放の対象になります。

ところが、各地のその「保護会」によって、殺人や粗暴犯（傷害や暴力事犯）、ヤクザ、覚醒剤事犯、性犯罪事犯は受け入れないという基準があり、事犯によっては断られることが珍しくありません。

ちなみに、地元の「保護会」でなくてもいいので、出身地や刑務所のある地域とは別の、遠く離れた「保護会」に申し込むこともできます。

申し込みは、その時に服役している刑務所に願い出るだけです。「保護会」から許可が出た後は、中で模範囚を装い、しっかり猫を被って事故なく、または事故が少なく暮らしているとめでたく仮釈放になり、「保護会」に行けます。

ただし、自由とはいきません。職に就け、としつこく言われ、門限は夜10時、入浴は定められた曜日のみなど、各所によって制約があるのです。また出所者の集まりですから、ここで悪の情報交換となり、みんなで渡れば怖くないと犯罪に走るケースも少なくありませんし、報奨金をたくさんもらって仮出所した者は、きっちりと狙われることになります。

いられる期間も、原則としてその刑の満期日までであり、それまでに「住」をなんとかしなければなりません。「保護会」での食事は定められた時間に用意されることが大半で、食費のみ1日1000円程度徴収されます。なお、家賃など入居費用はかかりません。

この「保護会」は競争率が高く、大半の宿なし出所者の問題は解消されることなく、次への服役へまっしぐらとなります。

刑務所にいれば「住」の心配はなく、「衣」も支給、「食」も社会で底辺だった大方の受刑者にとっては、悪くない内容です。

それだけではありません。高齢受刑者が刑を望む他の大きな理由として、孤独からの解放があります。前にも触れたように服役を重ねている以上、家族、知人、友人などはなく、社会では話し相手もいないのが普通です。しかし、「寄場」では話し相手もいますし、話題も共通になるので楽しく暮らせます。

これは実際の彼らの言葉ですが、「シャバでは話し相手がなく淋しい」「ここに来れば、みんなよくしてくれるし、毎日が楽しい」など、彼らは喜んでいるのです。私はそれを聞いた時、愕然《がくぜん》としつつ、この人たちはなんて悲惨な人生を選んだのだろうと、気の毒というか、哀れさを感じました。

高齢受刑者が、すべての工場で大事にされているかといえば、そうではありません。心ないチンピラヤクザが「じじい」といじめる工場もあり、どんな輩、ヤクザが工場を仕切っているのか、ボスなのかが高齢受刑者の運命を左右しています。

工場のボス、あるいは中心になっている連中が、敬老精神や俠気《きょうき》あふれる場合は高齢受刑者は皆の衆に大事にされ、「生きててよかった、極楽極楽」となるものの、逆の場合は毎日が地獄であり、工場に出るのが嫌になるのです。

幸いなことに、私が服役してきた工場では、高齢受刑者をいじめることはありませんでした。それなりに大事にしていた工場ばかりで、中にはアイドルみたいな「おじいちゃん」もいました。

長期刑務所の「おじいちゃん」たちは、若い頃から務めていることもあり、運動を続けてきた者が多いので、体も口に負けないくらいに元気です。60代は若者同様、70代半ばでも卓球、バドミントンに精を出す兵がいます。

このように生活していると、社会に出て孤立し淋しく生きるなど、一種の恐怖になるわけです。ある高齢受刑者は「自由でないかもしれないが、不自由でもない」と宣うほど、刑務所暮らしが心の安定をもたらしているのです。

2018年、60代半ばを過ぎた高齢受刑者の加川さん（仮名）が12年の刑を科されて、当所に移送されてきました。加川さんが人見知りをすることと、見た目が70歳オーバーだったこともあり、60代半ばからの12年の刑は大変でしょうと労ったところ、ニッコリ笑って「（刑期の）長いのを狙っていたので、よかったです」と言ったのです。

加川さんは、服役歴10回以上（多数回受刑者といいます）の猛者で、社会にいるより刑務所にいる方がいいとのことで、窃盗と放火を重ねて12年の刑となったのでした。人が住んでいる所で放火し、万が一でも殺すことがあれば死刑か無期になるので、人が住んでいない別荘地での犯行でした。

彼は「他者の話を聞くことは好きですが、喋《しゃべ》るのが苦手なので社会でも話し相手がなく、職も家もないので刑務所の方がはるかにいいんです」と教えてくれました。

再犯を繰り返す受刑者の多くに共通する特性として、「自分のことしか話さない」「相手のことは聞かない」というワンウェイコミュニケーションがありますが、加川さんは自分から話すのが苦手で、他者の話を聞くのが好きだというので、受刑者との会話には苦痛を感じません。

自分でも言っていましたが、軽度の知的障害もあり、社会で生きるのは大変のようでした。ただし刑務所にいる受刑者は、知能検査の結果、標準であるIQ100の人は約8％弱しかなく、大半が軽度から中程度の知的障害を抱えているので、よほどでない限り目立ちません。このことに気付いた時、「ああ、そういう所なのだ」と一種のシュールさを感じたものです。

加川さんは、前刑（前回の服役のことをこのように表現します）から2カ月も経たずに逮捕されています。その時には何件も犯行を重ねていました。前刑は3年足らずの短い刑（本人いわく）だったので、作業報奨金の残りも数万円しかなく、出所後1日でなくなり、あとは「予定通り」に犯行に及んだのでした。

加川さんは小学生の頃から、窃盗で教護院、少年院に度々収容されています。親とも早くから縁がないという状態で、塀の中の住人として生きてきました。

それでも社会で働いたことがあるらしく、車好きなのでトラックの運転手などをしていたそうです。それが中年以降にあることがきっかけで辞めることになってしまい、それからは窃盗一筋の道を歩んできました。

さらに話を聞いていくと、酒好きで経済観念もなく、社会人として生きるのは難しい人でした。現在、社会では常習的な高齢犯罪者を引き取り、生活保護で生活させるNPO法人もありますが、その話をしたところ、「是非、世話になりたい。自分と同じような人たちであれば話も合うかも」と反応していました。

受刑者全般にも言えることなのですが、特に高齢受刑者は社会や行政の情報や知識に疎く、自分が受けられる社会保障や支援制度についてほとんど知らないのが一般的です。それもあり、長年「馴染《なじ》んできた」刑務所というシステムの中で生きるようになってしまいます。

現在の刑務所では、以前よりはその方面の知識の啓蒙並びに情報の提供に努めていますが、束縛を嫌がる肝腎の本人たちに上手に活用されているとはいえません。塀の中に来れば、社会での穏やかな管理とは比較にならないほどの束縛が待っているのに、そのこと自体は疑問にも感じず、厭うことはないのが不思議です。

「天皇」と呼ばれた老囚

私が会ってきた受刑者には生活の中で、常人とは別の世界、異次元の人だった受刑者が何人かいました。前に触れた「天皇」と呼ばれた辻村さん（仮名）もその一人です。

辻村さんと出会ったのは2003年のことで、私がまだ工場にて就役していた時です。辻村さんは自称1928年生まれ。出会った時は75歳で、約3年間弱を同じ工場ですごしました。

辻村さんのことは無期囚の長老格の一人として（当所には、他にも高齢者の無期囚で刑務所の主《ぬし》みたいな人物が2人いました）、名前は他工場にも知れ渡っていたので、私も会った時には「この人がそうか」と思ったものでした。

その工場は、身体の不自由な受刑者、高齢受刑者が多く配役される所で、作業は飲食店で使う紙エプロン作りや、綿棒製作に使う竹の軸に、欠けや汚れがないかを選別する単純な作業で、「寄場」では揶揄を含む意味で「モタ工《もたこう》」と呼ぶものです。

私は役席（作業をする持ち場、自席のことです）が、通路を挟んで辻村さんの隣でした。工場の同囚の半分近くは「天ちゃん」「陛下」と呼んでいて、本人はそう呼ばれても飄々《ひょうひょう》としたものでした。

同囚たちの話では、辻村さんは精神的に壊れているとのことでしたが、そのような面はあるにせよ、作業は正確、熱心、勤勉で、量も多くこなし、高齢者らしからぬ作業態度でした。

しかも70代半ばなのに、入れ歯もなく、眼鏡も不要の御仁で、日常の挙措に若干の手の震えはあるものの、作業時にはそのような兆候は見られません。辻村さんはそのうち、私の作業ぶりを見ていたようで、「あんた、ようやるな。達者なもんだ」と言うようになりました。

休憩時間になると、時々、運動をしている私の傍らに来て、眺めたり、昔の若い頃の話をぼそぼそとしてくれます。本人の話と同囚の話を総合すると、辻村さんが服役したのは昭和30年代とのことでした。つまり、この時点で服役40年前後ということになります。

工場のヤクザが朝に「陛下、ご機嫌はいかがですか？」などと半ばからかうと、辻村さんは「あと20年若かったら、おまえさんなんぞ、この右ストレートで吹っ飛んでただろう」

とか、ぼそっと言います。起こした事件にも諸説あり、「日本刀で殺した」「いや、米軍横流しの拳銃で殺した」と謎だらけの御仁で、本人は尋ねられても「忘れた」と答えるばかりでした。

辻村さんは務め始めた頃から官に反抗的で、早くから仮釈放を望まなくなったようです。高齢者になったせいか、官に対してはあからさまに攻撃、反抗することはありませんでしたが、尋常ならざる不信感を抱いていて、食事や夏季に給与されるアイスクリーム（夏に4回か5回の給与があります）などに対し、「これは美達さん、官がな、毒を盛っているから気をつけなきゃいかんぞ」などと言います。

ヤクザの同囚が、「天ちゃん、大丈夫だって。毒なんか入ってないよ。俺たち、何ともないじゃん」と言うと、「おまえらは存在が毒だから何ともないんだ」と吐き捨てるのが笑えました。辻村さんのユニークさは、これに留《とど》まりません。

部屋には毎晩、日本政府、アメリカ政府からの電波が飛んでくると言うのです。時には官からの人をおかしくさせる電波もあるとのことで、私に真面目な顔で「昨日、あんたの所に電波が届いてなかったか？」と訊いてきます。私が「なかったですけど」と答えると、

「ちくしょう。俺だけを狙ったんだな」と辻村さんは呟《つぶや》きます。普段も決して群れることなく自分の好きな所で好きなようにしているので、どことなく孤高を守るボスみたいな風格もありました。

この辻村さん、平生はさほどの問題はないのですが、官、工場の担当さんを困らせる時があります。それは布団や衣服を新しく交換する時です。新品を嫌うので、「交換なんか要らん。官が細工してるんだろ！」と担当さんに怒り出すのです。

こうなったら担当さんが説得するほど反発するので、私の出番となります。担当さんは私を呼んで、「また、天ちゃん、いつもの始まった。頼む」と下駄を預けるのです。そこで私が何の仕掛けもないことを官に約束させた、不備があれば交換する、オヤジ（担当さんのことです）も請け負ったなどと宥《なだ》めて任務をまっとうします。

他にも辻村さんは、ズボンの紐《ひも》（ベルトの代わりの紐、今は面ファスナーです）、パンツのゴムにうるさく、ずり落ちるくらいに緩くしないと身に着けません。本当に脱げるぎりぎりで歩き回っていました。

辻村さんのように壊れてしまうと、そういう受刑者だけの刑務所に送られないのかとな

ります が、この程度の高齢受刑者は多いらしく、よほどでなければ送らないとのことでした。また、医療刑務所というのもありますが、ここに送られる受刑者は原則として「治る見込みのある者」となっているので、辻村さんは送られません。

このような人が当時の当所には数人いて、全員が無期の高齢受刑者でした。その後、私は工場就役から単独処遇に変わり、辻村さんと別れることになりましたが、辻村さんは80歳をいくつか超えた時、とうとう工場での就役が困難になり、単独処遇、病棟への入病（社会での入院に相当します）を経て、90歳近くになって亡くなりました。

末路がどうなるかわかりきっていたことではあるものの、人の道に戻ることなく、犯罪者精神のまま逝ったことは哀れというか残念なことでした。仮に社会に出なくても、己の非行について考え、悔い改め、わずかでも真人間に回帰することができたなら、獄死であってもまだ救いはあった、というのが私の思いです。

「俺たちは犯罪者なんだ、悪の道に生きるんだ」

無期の高齢受刑者には、もう一人印象深い御仁がいました。沖野さん（仮名）は、私が確定して当所に移送され、考査中の運動の時に出会った無期囚でした。考査というのは、前述のように、どの工場に配役するのか決まるまでの2週間から3週間を、単独室だけの棟ですごすことです。ただし、新入者の屋外での運動（約37分間。移動も含めて40分間です）は、古い受刑者と一緒だったので、既に単独処遇となっていた沖野さんと合同での運動となりました。

他にも、もう一人、これも有名な高齢者の無期囚の畑さん（仮名）も一緒でした。私の方は新入3人で、屋外に出る扉の前で5人が並び、待機していました。その時、頭が禿《は》げあがって光っていた沖野さんが、いきなり私の肩をポンポンと叩《たた》き、「俺たちは犯罪者なんだ、悪の道に生きるんだ」と話し掛けてきました。

待機中は、一切の交談禁止（話をしてはいけない。違反者には処罰もあります）で、連行する職員はすぐに注意します。私が沖野さんを見ると、その瞳は爛々《らんらん》と異様な輝きを帯びていて、正常ではない人の眼《め》だと瞬時にわかりました。この時の沖野さんは60代後半でした。

LB級刑務所に来たばかりの私は、「いやあ、凄い所に来たもんだな。あのおじいさんたち、壊れてるぞ」と変に納得したり、感心したりの日になりました。沖野さんは、工場での就役はせず、ずっと単独での処遇となっていましたが、畑さんの方は何度か工場に出ては、すぐに懲罰でいなくなるという状態を繰り返した後、恒常的な単独処遇になっています。

畑さんとは十数年後に私が単独処遇になってから、数年、同じ棟で暮らしましたが、この人も電波を感じる人で、就寝中の夜中に鉄枠製の窓をガラッガラッ、ガラッガラッと大きな音をたてて何度も開け閉めし、周囲の者を起こしてしまうのは日常茶飯事でした。

受刑者の中には、職員に何とかして下さいと苦情を言う者もいましたが、「しょうがないだろ、あれじゃあ」で終わりです。健康診断（概ね、年に1回ないし年齢によって2回あり、ほとんどの受刑者にとって社会にいた時より、良好な環境です）の際に、医務の待合室で畑さんと遭遇することがありましたが、「おお、兄さん、しっかり戦っとるか。負けんじゃないぞ」と勇ましい人です。

連行というより、すっかり従者みたくなっている職員（当所の職員は、権威を笠《かさ》に着る人がほとんどなく、「やれやれ、ま、仕方ないか」というように穏やかに対応します）が、「畑、そういうことを言うなって。ここはもう、戦わなくていいんだから、のんびりやってくれ」と嘆くように言うと、「ふん」と言って黙るのが憎めません。

この時、畑さんは80代半ばになろうとしていましたが、歩く姿や立ち居振る舞い、外見はどう見ても60代後半に見え、矍鑠《かくしゃく》としたものでした。職員の補助をするエリート受刑者の衛生係の話では、畑さんは部屋での屋内運動の時には、腕立て伏せ100回、腹筋100回を数セットずつ、こなしているとのことでした。

外の運動へは単独で行っていましたが、廊下をスタスタと歩くさまは、背筋も真っ直ぐ、速足で若者然としていて、微笑《ほほえ》ましかったです。数日に1回、職員を怒鳴りつけたり、荒れたりと、なかなか大変なおじいちゃんであるものの、徹底して反抗する、官に従わない「処遇困難者」（このような呼称があります）ではありません。このような受刑者をどのように管理していくか、その職員の人柄と職業的スキルが問われます。ベテランの担当さんなど、やはり練達の技を見せてくれるものです（例外もありますが）。この畑さんも数年前に病棟に入院したという話が流れた後、急ぐように亡くなりました。話では半世紀近く務めたようです（当所では通算で少年院も含めて施設暮らし60年を超える古兵もいます。なんと層が厚いのでしょうか、LB級刑務所とは）。

冒頭の沖野さんとも、私が単独処遇になってから接点がありました。それも初めての遭遇から十数年後の時でした。

沖野さんは80代半ばになっていて、往年の異様な瞳の光は消えたどころか、盲目になっていました。他にも病気のせいで半身が麻痺《まひ》して、歩くのも若い受刑者の両肩に両手を置いて、後ろからついてくるという状態だったのです。既に私のことは忘れ、老境に生きる人になっていました。壊れた状況は変わらず、会話は常識の枠に留まることのない、超弩《ど》級《きゅう》のスケールになっていたのです。

その会話とは、こんな感じです。「昨日、小泉（純一郎元首相）に連絡して、500億円を送ってやった」「中曽根（康弘元首相）にも500億円送ってやった」「田中（角栄元首相）には1000億円だ」「あいつらを首相にしてやったのは俺なんだ」と荒唐《こうとう》無稽《むけい》な話を繰り返します。沖野さんは目が見えなくなったぶん、ラジオのニュース（単独処遇者にはテレビはありません）を聴いているようで、時事ネタが多くなります。「北朝鮮に拉致《らち》された人たちを助けるため、ミサイルを使わにゃいかん」「北方領土などは買ってしまおう」など。このような時、私は持論や正論は口にしません。ただ、うん、うん、と聞き続けるか、沖野さんの発言に質問するだけです。

沖野さんは身体が不自由なので、食事や布団を敷く時には介護が要ります。この人も服役して半世紀前後ではあるものの、壊れているので仮釈放はありません。楽しく相手をして一緒に運動をしていましたが、ある日、脳梗塞《こうそく》に見舞われ、病棟に入院後、いよいようにもならないと執行停止になり、沖野さんは釈放された後、いくらも経たずに亡くなりました。ワル共が忌み嫌う獄死は免れましたが、沖野さんの人生とは何だったのか。最期を迎えるまで、己の非行について考えることもなく、獣の心を持ったままの死でした。私も獄死の道の途上にあるものの、己の非は見つめ、是正し、同時にわずかでも社会や他者のためになるように暮らしていくことにしています。

長期刑の服役者は健康体になる

基本事項として、刑務所では入所時と定期的に健康診断を実施しています。この他に曜日を決め、週に2回は医師の診察が受けられ、状況によっては社会の病院での診察を受けることも可能ですし、ガンその他の疾病では医療刑務所で手術を受けることもできます。

投薬治療においても、受刑者は呆《あき》れるくらいに薬好き（特に覚醒剤事犯者は普通ではありません）です。近年は以前に比べて薬を出さないようになりはしたものの、受刑者は何とかもらおうと、あれこれの理由をつけています。

私たちは常に監視され、その動静に注意が払われている身であり、よほどのことがない限り、病気での不測の事態とはなりません。そうは言っても、高齢受刑者の医療上の休養患者（病棟に入院したまま務めている者。作業はなく、安静にしていなければなりませんし、読書や学習時間も制限を受けます）は増加傾向にあります。

長期刑務所にて若い頃から服役してきた者は、規則正しい生活で、飲酒、喫煙、過食などと無縁なので、総じて健康です。特に当所のように成人病予防（刑期が長いので、そこまで考慮されています）のために、塩分、糖分、脂肪分控えめとなればなおのこと、ワルたちは残念なことに健康になってしまうのです。

私の例で言えば、極端な偏食と、極力寝ないであれこれしていたライフスタイルだったので、20代後半には医者から「今の生活を続けていれば、あと3年で死にますよ」と言われるくらいでしたが、そんな忠告も馬耳東風。やりたい放題しているうちに狭心症、脂質異常症にもなり、ニトロを常に持ち歩いていました。

煙草《たばこ》も1日に200本、酒も強い体質ではないのに、ネオンの巷《ちまた》に出ればシャンパン、ブランデーなど1本、多い時は2本ほど飲んでいました。これは亡き父が3本、4本と飲む酒豪だったので、私も「飲めなくてどうする！」と意地で飲んでいたようなものでした。

子どもの頃から父の影響で食事は肉ばかり。野菜で口にするのはキムチ、トマト、じゃがいもの3品のみです。そんな私が服役したことによって、これも残念なことに健康体になっていき、3年目にニトロともお別れすることになった他、慢性的な背中、全身のだるさも消えました。

健康診断において血液検査をしますが、最初の何年かは腎臓の数値が悪かったのも（たぶん、筋トレのためのプロテインの摂り過ぎです）すっかり改善され、今では全項目が正常値になっています。

私だけではありません。他にも同囚で長期刑を務めたおかげで健康体になったという者がたくさんいますが、悪党たちなのですから、私も含めて塩分、糖分、脂肪分どっさりの食事でさっさと病気で殺してしまえばいいのにと、常々考えてしまいます。

覚醒剤事犯者に至っては「定期的」に服役するから、肝臓など回復するわけで、服役なしでは体がもたないでしょう。服役して健康になり、出てからまた不健康となり、そしてまた戻ってきて健康になるというサイクルです。社会でまともな生活をしていなかった大半の受刑者にとって、刑務所の医療が手厚いというのは皮肉なものです。

第2章

受刑者たちは本当に反省しているのか

老囚たちに覚醒された男

私は服役する以前、それまでのメディアの影響もあり、犯罪者は自らの非行について反省するのは当然だと、疑いもしませんでした。

実際に務めてからは、その思いが変わりましたが、長い服役生活の中では、ごくごく少数ですが、自分の行為、罪について、あるいは、そういう道を辿《たど》った自分について反省し、悔い改めようとした受刑者もいました。

初めて出会ったそういう受刑者は、老人相手に詐欺を働いた30代前半の福助さん（仮名）でした。2年6カ月の刑を持つ彼の行為は、老人からカネを騙《だま》し取ったことでした。「オレオレ詐欺」ではありませんが、行政の担当者の振りをして100万円前後のカネを騙し取っていました。

刑は3回目、父親はなく、母親は既に年金暮らしで、そこから刑務所の我が子に現金の差し入れをしています。母一人、子一人の母子家庭であり、母親との仲は良いとのことでした。本人の人柄は温厚、正直、素直な印象もあって、なんでこんな人が3回もチョーエキに来たんだろうと、不思議に感じました。

その時の工場は心身に障害のある者、高齢受刑者、懲罰が多く、他に行く工場がなくなった者が配役される工場で、「掃き溜《だ》め」「チロリン村」とも呼ばれていました。

私は生来、長幼の序にはうるさく年寄りには親切にしなければならないという思考があるので、老囚たちの荷物を持ったり、話し相手をしたりしていました。そうしたところ、福助さんも私に共感したようで、私が老囚といると話の輪に加わってきたり、彼らの荷物を持ってやったり、配慮するようになりました。

私は作業の親方（班長のことで、作業指導や、材料・製品の分配、集配、管理などをします）だったこともあり、忙しい時には工場担当に申し出て福助さんにも手伝ってもらうようにしていました。老囚や軽度の知的障害者もいて、私にはやり甲斐と楽しみのある工場でした。

作業指導では、一般の受刑者であれば1～2回の指導で覚えてくれますが、老囚、知的障害者ではそうもいかず、根気よく何十回でも同じことを言い続けなければなりません。私はこういうことが苦にならないどころか、そうしていると自分が穏やかで寛容な人間になれるような気がして気に入っていました。

そうした中で、他にも指導しなければならない受刑者、手のかかる受刑者がいる時には、福助さんの登場となります。

「福ちゃん、いいかい、幼稚園児に話すように根気よく何十回でも話し、自分のことも相手のことも〝仏さま〟だと思ってやるんだ。疲れたり、呆れたりするなら、自分が愚か者だということだから頼むよ」

私の言葉に、福助さんは「了解しました、親方」とニッコリ微笑み、本当に仏さまのような表情のまま、親切に作業指導をしてくれます。

「福ちゃん、教えたら目を離すな。違う時は違うと言わないで、惜しい、ここまでできたんですか、と言いながら、正しい方法を教えてやってくれ。言い訳をしたら、ニコニコ聞いて、最後まで話をさせてやれ。それから、いいですよ、と言って本当のやり方を教えるんだ。否定したらダメだぞ」

こんなことを言っても、早いうちに覚えて、そのように接します。そのうち老囚、知的障がい者のファンができ、本人も楽しそうにその人たちと話すようになったのです。

福助さんは休憩時間も運動している私から離れず、私を慕ってくれるヤクザとも親しく話すようになり、工場でも存在感のある一人となって、嬉《うれ》しいと告げてくれました。これまで常に、その他大勢の一人で、注目されたり尊重されることのなかった彼には、幸福な時に感じられたようです。

私は彼の温かい優しさを好ましく感じ、母親がどんな思いで少ない年金の中から差し入れしてくれるのか、頼る者は息子一人であること、そんなに真面目で優しい人柄なのに、なぜ3回も務めることになったのか、それがどれだけもったいないか、母親と自分への背信を窘《たしな》めるなど、冗談と笑いを交えながら何週間か話しました。

そんなある日、老囚の作業を手伝っていた福助さんは、ある老囚に何度も「福ちゃん、ありがとな。福ちゃんのおかげでこんなにできるようになった。どうも、どうも」と礼を言われていました。老囚はよほど嬉しかったのか、両手で福助さんの手を握ってさえいました。

私もいい光景だなあと、喜んでいました。その日の昼食後、いつものように私の傍らに来た福助さんに、「福ちゃん、よかったな。△△さん、本当に心から喜んでいただろ。福ちゃんの思いがしっかり伝わったな」と労いました。

その途端、彼は苦しい思いを吐くように言ったのです。「美達さん、自分はひどい奴でした。年寄りを騙してカネを取るなんて。なんで、あんなひどいことをしたのか、自分に腹が立ちます。自分はもう二度としません！」と両眼に溜まっていた涙をあふれさせました。それから彼は、これまで年寄りは自分とは違う世界の人たちだと考えていたので、騙すことに良心の呵責《かしゃく》はなかったこと、しかしここで接していると自分と同じ人間であり、しかも親切でありながら弱い存在の人たちだったと気付き、過去の自分を猛省したのだと話してくれました。

福助さんは、実際に老囚らと接していくうちに、自分のやってきたことを省みるようになり、自分のしたことは悪質と考えるようになった上に、老囚たちの感謝の言葉、親切が重なり、正面から反省し、もう二度と犯罪に走らない、更生すると決めたのでした。

彼は、今後は母親のことも大事にして、まずは正業に就くことを誓っています。また、毎日、必ず勉強する習慣をつけようと取り組みました。

福助さんは、もともと心の優しい人であり、反省改心する因子を持っている人でした。母親も彼を見切ることなく、ずっと支えていたことが、彼の優しさにつながっていたと考えられます。その後の彼は人に親切にし、地道に生活することなど、繰り返し言い続けていましたが、私はきっと更生したであろうと信じています。

悩める性犯罪者

次に登場する荒矢さん（仮名）は11年の刑を持つ30代前半の受刑者でした。眼鏡をかけた顔は、丸刈りにしても真面目そうで、役場の公務員然に見えました。性格は内向的で、他の受刑者とは話をしない方でした。私と話すようになったのは、作業を教えていて覚えがよかったので、「荒矢さん、覚えがいいなあ。知的能力が高いんだろな。もったいないな」と私が言ったのがきっかけになりました。

彼はことのほか喜び、顔をくしゃっとさせたのです。以来、休憩時間に運動している私の傍らで、自分も慣れない運動をしながら、話をするようになりました。見ていると、他の受刑者と話すことは少なく、変わり者と見られる面もあるようでした。

荒矢さんは、他の受刑者から私のことを聞いたらしく、社会での仕事のことや経済について、よく尋ねてくるようになりました。犯罪や、くだらない話以外で、このような話題を好む人は大歓迎なので、私も彼と話すのが楽しく、日課のようになり、時には同じ志を持つ受刑者も加わって話が弾みました。

彼の犯罪は性犯罪だと同囚から聞いたものの、確かめることもなく、話を続けていました。

荒矢さんは、見た目の柔らかさとは違って、頑固で狭量な面もあり、それが犯罪一筋の大方の同囚と打ち解けられない理由のように感じられました。

そうしていたある日、荒矢さんは唐突に切り出したのです。「自分は強制わいせつを含む再犯の性犯罪者であり、なんとかその悪い癖から抜け出したいんです」と。人は見かけによらないものと感じましたが、それでは「寄場」にいても辛《つら》いだろうと答えました。

刑務所の中は、全員が犯罪者ですが、性犯罪者は悪質というより「汚れた者」として軽蔑される文化があります。その施設によっては、あからさまに非難したり、嘲笑したりする所が珍しくありません、

当所では長期刑務所ゆえに、互いに相手に配慮して一定の距離を置く付き合いが普通なので（対人関係のトラブルを避けるため、燃え上がると大きな事故につながる者が多いための自衛です）、

表だって本人に言うことはないものの、陰では批判の嵐でした。

荒矢さんは前述の理由以外にも内向的であったため、そして自分の罪名を気にして同囚たちと打ち解けることができなかったのだな、と推察されました。私は、そこで尋ねてみました。

「なんで、そう考えるようになったの？　もう刑務所は懲りごりだって感じたのかい？」

「それもあります。このままだったら、自分は年を取っても社会と刑務所を往復するでしょうから、なんとかしないと、と思いました。それに被害者の思いを知ったので、なんてひどいことをしてしまったのかって……」

荒矢さんの表情は苦しそうに歪《ゆが》んでいました。彼は話を続けましたが、ある時、新聞で性犯罪の被害者である女性の記事を読み、それまで想像もしたことがないほどのショックを受けたそうです。その理由は、被害者女性が自身について、汚れてしまったという強い意識を持つようになり、生涯、結婚はおろか、男性と交際することさえ拒んでしまうようになったという事実を知ったからでした。

また性犯罪では、その本人の家族ですら、そのような被害に遭うには、何か本人に問題があったのではないか、その犯罪を誘因するような要素があったのではないかと、被害者が責められることも少なくないこと、まして家族以外の世間ではなおのこと、そのような風潮があるということも知りました、と教えてくれました。

それまで、被害者の思いは一時的、一過性のもので、時が経てば消えるものとばかり考えていたとのことでした。それ以前に、被害者のことを考えるのは、取り調べの際に刑事や検察官から、被害者についてはどのように思っているのか、と問われた時だけであり、法廷の場で裁判官に同じことを尋ねられた時は、刑事や検察官に答えたことをそのまま述べるだけでした、と話してくれたのです。

性犯罪者に限らず、犯罪者、受刑者というのは、その罪種によらず、被害者への思いが欠如しているのが大半です。そもそも他者への共感性が薄いために、常習的に犯罪行為が行えます。

荒矢さんが被害者の心情を慮《おもんぱか》るようになったのは、もともとそのような因子を胸奥《きょうおう》に持っていたからでしょう。このままでは一生、自分は犯罪者で終わってしまうという恐怖に加え、被害者の心情をも省みるようになり、以降、加害者としての自分の側からの視点だけではなく、被害者の側からも考えるようになったのでした。

私が接して感じた、他の受刑者には少なかった荒矢さんの生来の優しさがそうしたのだろうと考えられました。私に自分の犯罪を告げるには相応の勇気も必要だったようで、私が態度を変えずに接していたことに安堵《あんど》と感謝の念があると伝えてくれ、以来、彼は自分の犯罪への反省と改善について、どうすればいいかなどと相談してくれたり、という日が続きました。

私のいる刑務所では、性犯罪という罪を自覚する者はわずかでした。少年の頃から不良（非行）少年をやっていた者にとって、強姦は通過儀礼でしかなく、経験しているのが普通であり、同囚間でも「みんな、やってきているだろう」というコンセンサスがあったのです。

美達さんも若い時はやったでしょうと尋ねられて、「私は嫌がる人に対してできるということが考えられない」とみんなの前で答えたところ、不思議な顔をされたことがありました。それくらい彼らの文化の中では、あたりまえの行為として認識されていたのです。

荒矢さんも、十代の頃からの性癖で、強姦も含めたわいせつ行為が止められなかったと言います。頭の中、観念では悪いと知っているのに、欲望が起こると止められなくなり、あとには満足感はあるものの、激しい自己嫌悪と後悔の念が残ったそうです。

彼と話をしたのは、かれこれ十数年前のことでしたから、性犯罪は人によっては依存症という精神障害らしいという程度の認識しかなく、大多数の人は自身の意思の力でなんとかなるのでは、と考えていました。

私と彼が話した結果、もし依存症であれば治療を受けて治すことと併行して、自分のこれからの生き方について、社会の中で生きることを大前提に構想を立てるべきというものに落ち着きました。

荒矢さんは、叶《かな》うことならこれまでの被害者一人ひとりに謝罪したい気持ちがある反面、自分と会えばトラウマにより、その時の被害のことを思い出させてしまうのではと憂慮していましたが、その表情に真摯《しんし》に反省、悔悟をする人間の姿を見ました。

彼は「何をしても治らないとなれば、去勢するか、死ぬしかありません」と語っていましたが、わかっていても体がそっちの方向に走ってしまうという脳由来の犯罪の恐ろしさを垣間見たような思いでした。

２０１７年に刑法が改正され、性交（姦淫）に肛門《こうもん》性交又は口腔《こうくう》性交も対象となって罪名も強姦から強制性交に改められ、法定刑の下限が引き上げられました（強制性交罪の懲役の下限が3年から5年に引き上げられ、酌むべき事情がない限り、実刑となりました）。以前は強姦・強制わいせつ共に被害者が告訴しなければ起訴されない「親告罪」でしたが、これが撤廃されて、被害者が被害を公にしたくないので告訴しないという加害者の逃げ得がなくなっています。

ただ、厳罰化になったといっても、それは大きなものではなく、強制性交罪の上限は20年のまま、強制わいせつ罪の上限もまた10年のまま（下限は6カ月です）で、被害者の負ったものに比べれば足りないという声が多いのも事実です。

さらに強制性交罪が成立するには、「反抗を著しく困難ならしめる程度の暴行・脅迫」が必要とされ、加害者の「合意だった」という言葉に対して、立証が困難という点もあります。性犯罪者への矯正プログラムの実践者であり、性犯罪者の知見に詳しい筑波大学の原田隆之教授は著書の『痴漢外来』（ちくま新書）の中で、性犯罪被害者について、被害の前や最中に抵抗したり大声を上げたりすることは不可能である。被害の後、しばらく被害の記憶がなくなることがある。被害を訴えるのは、かなり時間が経ってからということも珍しくない。加害は一瞬でも、その影響は一生続く。ほとんどの被害者は泣き寝入りをしている、などと述べていました。

性犯罪でよく言われるのが激しく抵抗しなかったのだから同意していたというフレーズです。これに関しては、やはり性犯罪者の治療に携わっているソーシャルワーカーの斉藤章佳《あきよし》氏は、著書の『「小児性愛」という病』（ブックマン社）の中で、恐怖によって全身が凍りついて動けない「フリーズ（凍りつき）」と述べていました。この概念は、心理学や被害者支援の場では広く知られているそうで、性別、年齢を問わず、性暴力被害者に見られる現象でした。最近ではTonicimmobility（擬死反応、強直性不動状態）という用語で表されることもあります。

この現象は、被害者自身がその時に自覚的ではないこともあり、なぜ抵抗しなかったのかと、自分を責め続けてしまうことでもあるのです。他にも恐怖心から頭の中が真っ白になり、意識が飛ぶこともあり、これを心理学的に「解離」と呼んでいます。

この状態につき、性犯罪被害者自らが、著書『13歳、「私」をなくした私』（朝日新聞出版）

で、フリーズが起こり、解離状態下で、痛覚や知覚などのすべての感覚を下げて（行為の間）、苦しまずにすむようにしていると、述べていました。

被害後、しばらく被害についての記憶がなくなることについては、解離状態のため、自分の言動の記憶がなくなっているということでした。これは典型的な心的外傷後ストレス障害（PTSD）です。この他にも過敏な状態の過覚醒、不眠、悪夢、フラッシュバック、不安、抑うつなどの症状が起きます。

このような状態のため被害の届け出も遅れるのですが、それ以上に届け出ない方が圧倒的に多いのが性犯罪です。

このような背景があるのか、2019年3月には、どう考えても不可能としか思えない判決が出されました。被告人の父親は、2017年に同居していた実の娘と性交したとして、準強制性交罪で起訴され、懲役10年が求刑されていました。

準強制とは、暴力・脅迫など、力ずくではなく、相手の心神喪失や抗拒不能（抵抗や拒否できないことです）の状態に乗じて犯罪を行うことです。準がついても懲役刑は強制性交罪と同じく懲役5年以上となっています。

この裁判で父親は娘からの同意はなかったこと、長年にわたる性的虐待で被害者を精神的な支配下に置いていたと認めたものの、抗拒不能の状態にまで至っていたと判断するには、なお合理的な疑いが残るとして名古屋地裁岡崎支部は無罪を言い渡しましたが、前出の原田教授が理不尽で残酷な判決と指摘しているように、私も違和感を覚えました（その後、2020年3月名古屋高裁の控訴審判決で一審を破棄し、懲役10年とする逆転有罪判決が下されました。11月に最高裁も上告を退け有罪が確定しています）。

2017年の法改正においても、弁護士の角田由紀子氏によれば条文を変える話し合いはあっても、保護すべき法的な利益は何かという根本的な議論はなかったとのことでした。同氏は、今後の見直しとして、「相手の同意がない性行為はすべて罰すべきこと、司法の世界は圧倒的な男社会なので法教育にジェンダーの視点を採り入れるべき」と唱えていました。

このような性犯罪ですが、その後、荒矢さんとは別の工場になったこともあり、彼がどのような策を選んだのかは定かではありません。

それでも、所内の情報によれば、性犯罪の治療をする専門家と連絡を取って文通を介して所内での指導を受けたとのことでした。それで改善されたかどうかはわかりませんが、私の服役で出会った数少ない反省した人、更生を期す人であることは間違いありません。

ヤクザの一言で自分を変えた無期囚

本当に数少ない更生志望者の最後の一人は、強姦殺人で無期刑を務めていた片沢さん（仮名）です。この人は私より3歳年長でしたが、その落ち着いた佇《たたず》まいから、かなり年長だと思っていた人でした。

彼は私が務め始めた時には既に1級者（現在の1類と同じく、超のつく模範囚のことです）として、教育課の図書係をしていました。このポジションは、毎週末に各受刑者の部屋に本（持ち込んできた自分の本や外からの差し入れの本、所内で購入した自分の本のことで、対義語は官が貸し出す官本となります）を配布したり、所内のスポーツ行事などの会場設置、運営、審判などをしたりと、エリート受刑者が担う仕事です。

片沢さんの話では、12年目で1級者になったとのことで、無期刑としては超のつくスピード昇級でした。配本の時やスポーツ行事で度々顔を合わせており、彼が私のことを知っていて、特に親切に接してくれたことなどで、胸中では好感を持っていたのです。

その頃の私は、他の受刑者から聞く片沢さんの評判の良さと、温厚な話し方、表情・風貌から、私より10歳以上は年長の人だろうと思っていました。

当時の私は「昼夜間厳正独居」（現在は「単独処遇」といいます）という自分の部屋で作業も生活もし、他の受刑者と話をするのは週に2回から3回（その週により変わります）の約37分間の運動の時だけという生活となり、それ専門の棟に移されていました。

そこで図書係から自分の意思で異動した（彼は1級者なので、希望は聞いてもらえます）片沢さんが、担当職員の補佐や受刑者の世話もする「経理」をしていました。

彼は表面上だけではなく、骨の髄まで本物の模範囚だったこともあり、職員からの信頼は絶大で、他の受刑者であれば注意されるほどの長い話でも許されていました。

現在では、経理、衛生係（エリート受刑者です）であっても、私たちと話すことは厳しく禁止され、まったく話せませんし、仮に何かを話すとしても職員の立会（その場に立ち会うことです）がなければなりません。以前でも、長話はできませんでしたが、片沢さんに限っては10分でも20分でも話せますし、それが1日に何度もあったのでした。

信用というのは凄いもんだと感心していましたが、それはただ模範囚というだけではなく、いろいろとこの人なりの職員への配慮があったからとも言えます。

片沢さんが同じ無期囚の私が「単独処遇」になると、仮釈放がなくなりますよ、と言った時に「私は社会に出ないので関係ありません」と答えたのが、反省と更生について話すことになったきっかけでした。

なぜですかという片沢さんの問いに、「私はとんでもない考え違いをして、2人の尊い命を奪いました。その誤りに気付き、反省した以上、自分が社会に出たいと考えるのは筋が通らないからです」と答えました。

片沢さんはさらに「ここで30年以上も不自由な生活を務めたというので償いになりませんか？」と尋ねます。それに対しては、「それは法的な罰に対して務めただけで、命を奪ったことへの償いにはなりません。償いとは生きて返すことであり、殺人罪に償いはありません」と告げました。

これは判決直前からの持論で、どんなに考えても変わりません。すると片沢さんは、自分の過ちについて自ら話してくれました。それまで古い同囚から片沢さんの犯罪について聞くことはありましたが、何かを感じとることはありませんでした。

片沢さんは温厚、穏やかなどではなく、元来は気性が荒く、短気で、腕力にも自信を持っていると教えてくれました。

片沢さんは、10代から地域の不良のボスで少年院でも有名だったこと、服役は2回目だったこと、服役して暫くはそんな状態で務めていたこと、それが、あるヤクザの一言で変わろうと決意したことなど、順を追って教えてくれたのです。

それは、「外に出たいなら、自分を変えなければならない」という趣旨でした。その日まで、従前と同じく、荒々しい性分のまま、いつでも喧嘩上等と考えていた片沢さんは、その一言で変わらねばと強く考えたそうです。

片沢さんの自己改革へのモチベーション（動機づけ）とインセンティブ（褒賞）は、とにかく「社会へなんとしても出たい」ということでした。20代前半で服役した以上、30年以上務めたとしても50代、60歳までには社会の空気を吸えます。

それがすべての心の支えでした。

単に表面上、書類上の無事故でいいというのがほとんどなのが残念なことですが、そういう者はいずれ罪を犯し、塀の中に戻ってきます。

片沢さんは、事件についても話してくれました。今から思えば、なんであんなことをしてしまったのか、当時の自分の愚かさはたとえようがないと語り、物事について善悪など微塵《みじん》も考えなかったと教えてくれました。

被害者は顔見知りの18歳の少女で、遺族からは連絡しないで欲しいと言われ、供養料や手紙などは送ることも許されていませんでした。つまり、謝罪するというチャンスを永遠になくしてしまったわけです。

片沢さんが己を改革できたのは、常に「今の自分ではいけない」という戒律を己に課していたからでしたが、私が感じたのは、この人は犯罪者になる方がおかしい人で、その知能の高さ、意志の強さ、人あたりの良さなど、一般人としても一級の人であるということでした。もし、まともに生きていたら、楽々と一流大学に入り、その後も優秀なビジネスパーソンとして人生を歩んでいたでしょう。もし、私に社会での人生があったなら、どんな対価を払ってでも共に仕事をしたい人でもありました。

片沢さんは、不快なこと、腹の立つことがある度に、以前の自分に戻ってはいけないと己を戒め、それが30年以上の長い務めで完成したとも言えます。ただし、この人が一種の悟りの境地に入ったのは彼の本来の聡明《そうめい》さを表すように、わりと早い時期で、その後は受刑者という心ない者の多い獄内で研鑽《けんさん》を積んだのでした。

もし無期囚で仮釈放に浴することができるなら、この刑務所では片沢さんだと同囚の誰もが考える中、1回目の申請では不許可となったものの、その1年後に再び申請して、ようやく仮釈放で出所しました。服役から33年後のことでした。

私の四半世紀以上もの務めの過程において、己の罪を悔いて反省、自己改善を試みようとした受刑者は、この3人くらいしか心当たりがありません。

さて、次の節からは特別ではない標準的な受刑者の実態を紹介します。

自己の犯罪を「悪」と捉えていない受刑者

自分の犯罪について、良心の呵責など毛ほどもないというのは、社会のみなさんにとっては想像もできないでしょうが、受刑者ではそれが標準というか、当然となっています。

10年以上前の私は、自分も犯罪者なのを棚に上げ、そのような同囚に批判的な態度を隠さず、時には追及することもありました。今から振り返れば、内心で感じるのは自由であれど、追及あるいは非難めいたことを言うのは越権行為だったと反省することばかりで、近年は批判の心を捨てて、話を聞き出すように己を変えました。

次に挙げる山本さん（仮名）は、以前の私との間のエピソードの一つです。山本さんは、当時30代後半になろうとしている、服役歴4回目のどこから見ても好青年のように見える受刑者でした。それに加えて、知的能力も決して低くありません。

これまでの犯罪歴は、詐欺、窃盗が主体で、詐欺は公文書、私文書の偽造と販売、窃盗は高級車の窃盗に特化していたそうです。車の場合ですと、車体を半分にして別の車と溶接し、車検証も偽造して国内で売り捌《さば》くなど（ニコイチとも言います）手間をかけていました。

さらには携帯電話を偽名で買って、犯罪目的のために使いたい人に売る。同様に銀行口座を作っては売るなど、まさに裏の仕事のデパートみたいな人でした。30代で4回目の服役、しかも今回は12年の刑でしたが、本人は「足を洗う気もないので、仕方ありません」と涼しい顔をしています。

その彼の今回の犯罪は特殊詐欺の「オレオレ詐欺」でした。彼は、電話を掛ける「掛け子」、カネを受け取る「受け子」を徴募《ちょうぼ》する上層の構成員でしたが、自由を束縛されるのが嫌というので組には加入していません。犯罪による収益は年間で4000万円強とのことでした。私は彼に老人を騙して良心が咎《とが》めないのかなど、尋ねました。

「年寄りからカネを取ることについては、何か感じることはあるか？」

「はい。こいつら、てめえの子の声もわからないでバッカな奴らだと思います。こんな奴らだから、いくらでも（カネを）取ってやる、もう、こんなバッカな奴らにカネは必要ないって思っています。だって、てめえの子かどうかもわからないですよお」

「でも、その人たちにとっては、大金だったろう」

「うーん、どうかわかりませんけど、なけりゃ払えないですね。持っていたって、どうせ遣わないんですし、俺が代わりに遣ってやるよっていう気分です」

「代わりに遣うったって、そんな理屈はないだろう？」

「いや、ありますよ。こいつら年寄りが、カネを貯め込んで遣わないから、社会は不景気なんです」

この頃は、失業率も高く、たしかに不景気ではありました。

「しかし、貯めていたとしても、それは本人の努力、心がけで、それを騙して遣っていいとはならないだろう」

「いや、美達さん、こいつら、カネも持っているのに年金までもらいやがって、若者に回ってくるカネを取ってやがるんですよ。だから、俺が取り返してやっているんです。あの世にまでカネは持っていけませんし、俺たちが遣ってやれば、世の中も少しは景気が良くなるでしょうし、どっちみち、奴らは老い先短いんですから」

山本さんの理論武装は、所得の再分配理論というわけですが、騙してまでカネを奪うというところに大きな過ちがありました。ましてや、その手段は断じて肯定できません。このような発想はドフトエフスキーの『罪と罰』の若者、ラスコーリニコフに通じるもので、自己の犯罪の合理化（弁解、言いわけです）に他なりません。

しかし、彼はこのロジックで共犯の若者たちを洗脳し、罪悪感を消して、その犯罪（彼の言葉では「仕事」です）に専念させていたわけです。高齢者への共感のなさには、彼の家族関係が大いに影響しているように思えました。聞けば、彼は自分の両親と20年近く音信不通とのことでした。少年院、少年刑務所、再犯刑務所2回、そして、当所という悪のエリートコースを走ってきた彼だけに、良心の呵責などは、鼻で笑うようなものでしかありません。とはいっても、この山本さん、性格がひねくれているわけでもなく、素直で可愛《かわい》い奴と思わせる男でもありました。外見はすらりとした長身で、現代風に言えばジャニーズ系の「イケメン」でもあり、いい青年なのになあと感じさせます。

「今後も、犯罪で稼いでいくのかい？」

「はい。もう、それっきゃないです、自分は」

「刑務所の生活をこれからも送る可能性が高くてもかい？」

「はい。刑務所は自由ではないですが、特に不自由でも嫌でもないですし。ま、ドジ踏んだ罰というか、次にもっとうまくやるためのステップというか、その程度にしか考えていません」

「山本さんくらいの知能と行動力、外見の爽《さわ》やかさがあれば、まっとうな仕事でも稼げるのに」

「いやあ、美達さんにそう言われるのは嬉しいですけど、もう無理ですよ。もし、美達さんがシャバで何かやるので来いと言ってくれたら喜んで、まともな仕事を教えてもらいますけど、そんなことはないし、これで行きます」

山本さんの脳裏にあるのは、労働時間、労働量と収入の関係で、とてもまともな仕事はできそうもない（収入が低過ぎるので）と断言していました。そして、これからも老人を騙すスキームでの犯罪を、より精緻《せいち》に、かつ、捕まるリスク、捕まった際の量刑を最小にするように考えるとのことでした。

「美達さん、何かいいアイデアありませんか？」と問われたものの、私は「ないな。あったとしても言わないだろう」と一笑に付しました。その後、彼は出所しましたが、今も犯罪で身を立てていることは想像に難くありません。

悪びれない強姦魔

前述したように、再犯を重ねる受刑者にとっての強姦は、若い頃からの一種の儀礼のようになっています。そのため、罪悪感はなく、それどころか被害者もさほど抵抗しなかったのだから、内心では拒んでいない、喜んでいるなどという認知の歪みがありました。

私が想像する性犯罪者は、男性として女性に好かれる要素が少ない、従って女性と交際する機会もないというイメージですが、その通りの人が多い中、正反対な人もいました。

その一人が堀田さん（仮名）で、私が服役して初めて配役された印刷工場で「写植」の班長をしていました。少数の受刑者のみが属する写植というのは、社会から発注された原稿をワープロでゲラにまでして、製本部門に渡す仕事で、仕事の性質上、所内では比較的知能の高い者、知的エリートが配属されています。

堀田さんは当時50代半ばで、私より20歳ほど年上でした。とても知性的な人で、受刑者にはあり得ないアカデミックな話をしていたものです。堀田さんは同囚から気取り屋と呼ばれていましたが、ユーモアと対人スキルの高さは群を抜いていました。

私と話をしても、「おお、美達君、そうかねえ。なるほど、この年になって私も勉強させられるねえ」「おやおや、なんでこんな所に君が来てしまったのかね」など、話し方も態度も紳士でインテリジェンスを感じさせる人でした。

間もなく、私は彼の強力な推薦で数少ない写植のメンバーになりましたが、毎日がやり甲斐にあふれ、充実した生活でした。

堀田さんも「ああ、私はこの懲役で初めて人を得た気分だよ。毎日、美達君と会うのが楽しみで、まるで恋しているみたいだよ。勘違いしないでおくれ。私にはそっちの趣味はないから。いわば、古代ギリシャの知の世界で、年長の哲学者が若き知性の持ち主を愛するという思いというのが、こんなものかもしれないねえ」と、いつもおだててくれ、私も工場で会うのが楽しみになっていきました。

もっとも、そんな堀田さんでしたが、刑務所は4回目で今回は12年の刑でした。罪名は毎回、強姦です。堀田さんは体格もよく、顔立ちも並以上、話は面白く、さぞかし女性にも人気があるであろうというキャラクターでしたから、私には強姦という犯罪とは対極にいる人としか考えられませんでした。

知的で仕事ぶりも真面目な堀田さんでしたが、自分の犯した罪に対しては反省の色など寸毫《すんごう》もないようで、非難されることの多い強姦罪にもかかわらず、自分の罪名を隠さず、陽気に「強姦はいいねえ」とヤクザにまで明るく堂々と宣う始末。性犯罪を隠さないどころか、「強姦はいいもんだよ」という規格外れの御仁でした。そのヤクザは「堀田のおっさんは、しょうもない人だな」と呆れ果てていました。

「美達君は（強姦の）経験がないのだろう。ありゃ、いいもんだ。抵抗が激しいほど燃えるんだなあ、私は」とニッコリ。

「初めは嫌がっていても、そこは技術だよ、君。私にかかれば、みんな、よくなるのさ」

堀田さんは自信満々の表情です。罪悪感や反省のかけらもありません。ただ、長期刑はもうたくさんだから、いかに強姦から和姦に持ち込むか、研究の余地があると真面目に考えていました。出所時に生きていれば齢《よわい》既に古稀（70歳）を超えているでしょうが、三つ子の魂百までといいますから。

もてない復讐心を女性にぶつける「パンツ仮面」

次は「パンツ沢田」「パンツ仮面」とあだ名された沢田さん（仮名）という男です。私にとっての彼は、あくまでエピソードの中の人でしたが、なんと彼は長期刑務所に2度目の服役となり、私と同じ共同室（以前は雑居房と呼んでいました）に入ってきたのでした。

初めの頃は言葉遣いも悪く、随分、横柄で失礼な奴だなという印象で、これは誰もが感じていました。そのうち、あまりにひどいので、私が厳しく指導することになりました。

この頃の私は、まだ白黒をはっきりつけるという性分のまま生活していたので、今から振り返っても当然のなりゆきでした。

彼は私より6歳年長だったものの、小柄、小太り、かつ、その容貌が特異で、性格の悪さと相俟《あいま》って、女性とも縁がないと感じられる男でした。実際、工場のヤクザが「彼女なんていなかっただろ」と言うと、バツの悪そうな顔で苦笑いするばかりです。

私が指導してからは、私とは普通に話すようになっていましたが、工場のヤクザ以外の同囚には相変わらず横柄で乱暴な口をきき、嫌われていました。この容姿で、この性格では男にも女にも好かれるわけがありません。

その沢田さん、ヤクザ連中のオモチャにされて、罪状をからかわれていました。強姦と強制わいせつという事犯です。強制わいせつは、夜間、一人歩きの女性を襲ってパンツを奪う、というものでした。その時に可能と見たら強姦もするのです。それを聞いて同囚たちは「パンツ仮面だもんな」と笑っていましたが、本人に悪びれた様子はありませんでした。

沢田さんは、長期刑務所は2度目でも、短期刑務所に2回、少年院にも同じ罪状で入っていました。本人は小さい頃から性癖の他に自分の容貌への強いコンプレックスがあり、自分のことを気持ち悪がる女性に対する怒りもあったと話してくれました。

もっとも生来の怠惰もあって、仕事が続かない、収入もないのに性的欲望だけは強い、となれば性犯罪者となるわけです。本人にまったく罪悪感はなく、夜道を一人で歩いている女が悪いと嘯《うそぶ》きます。

それればかりか、嫌がる女性を犯すことで、自分を避ける女性への復讐心が満たされるとも言うのです。これも大いなる認知の歪みに他なりません。

沢田さんは工場での評判が悪過ぎて、ヤクザ連中からの勧告で作業拒否をさせられ（自分から作業を拒否して懲罰になることで、刑務所の中では「ケジメ」の役割もあります）、他工場へ移っていきましたが、そこでも問題を起こして懲罰になっています。いやはや、本当に懲りない男でした。

性犯罪ではこの他に、ホテルにデート嬢を呼んでは行為の後に殴るなどの暴行を繰り返して、料金を踏み倒す男もいましたが、動機は子どもの頃に母親に虐待されたことで女性不信となり、女性を恨むようになって、女性に報復するのだということでした。少なくともＬＢ級刑務所に来る性犯罪者には、前出の荒矢さん以外、反省の声はありませんし、それが普通となっています。

他にも、露出度の高い挑発的な服装をしていた、一緒に酒を飲んだので、まさか拒否されるなどとは今も考えられない、あくまで同意の上だったのになどと、自分に都合のいい解釈をします。そのため「自分に非がある」とは考えず、従って反省もなく、更生はないという結果につながっています。ただし、官に対しては、「反省しています、被害者に申し訳ない」と「お約束」通りに反省の振りだけはするのです。

覚醒剤事犯常習者の思惑

受刑者といえば窃盗事犯と覚醒剤事犯が双璧ですが、単独処遇の私が会う新入受刑者も、この2つの事犯が圧倒的多数派でした。

窃盗犯も反省のなさは当然となっていますが、覚醒剤事犯者もひけをとりません。本書を書いている直近にも、典型的な覚醒剤愛好者がいました。彼は菊尾さん（仮名）といって、私と同年齢の元ヤクザです。今回は1年6カ月で、8回目の「お務め」になりましたが、とても楽しい人でした。

元ヤクザといっても菊尾さんは常に正業に就いていました。それと並行して、覚醒剤の密売人も人を使ってやっていたのです。

「珍しいね、正業にずっと就いているなんて」

「だって、美達さん、そうでもしないと喰《く》えないですよ、今日日《きょうび》」

菊尾さんはそう言いながら、長年の覚醒剤愛好者らしく、絶えず両腕をぐるぐる回したり、首をクイックイッとひねったり、動きが止まりません。これは覚醒剤事犯者にはよくある行為で、他にも肩を揺する、唇を頻《しき》りになめる、首を回すなど、その人特有の余計な動作が付きものでした。

「その他に売人もやっていたら、儲《もう》かっているんじゃないの？」

「いやいや、美達さん、今、シャブも高くて（仕入れもです）、昔ほど儲からんですよ。そこに来てパクられたら高く（量刑が重くなることです）なっちゃって」

菊尾さんは、腕を大きく振りながら答えてくれました。

覚醒剤事犯は密売など営利目的となれば、量刑は軽く10年を超えますが、菊尾さんは、それは発覚せず、ただの使用での判決でした。10年、20年ほど前であれば密売は儲かるもので、月に50万〜100万円の収入はあたりまえとのことでしたが、今は仕入れ値自体が高くなって、相応の利幅を乗せると小売りの単価が高くなり過ぎるのだそうです。

簡単に以前と現在の比較をすると、以前の仕入れ値は1グラム3000円くらい（お得意さんだと2000円弱になるそうです）で、これに混ぜ物をして倍にします。混ぜ物とは、その売人によってさまざまで、カフェイン、サリチル酸、ブドウ糖、塩化ナトリウム、味の素、ナフタリン、カルキ、砂糖、他です。これで1グラムを約2グラム強にして0・3グラムのビニール袋入りのパケを7つ作ります。

パケというのは1・5〜2センチ四方の小さなビニール袋のことで、その時代はLPレコードのビニールで自作していたのです。現在は小さなビニール袋が市販されているので、それを使っているそうです。

この0・3グラム入りのパケ、1個1万円が標準価格で、大体の人は1個あれば2日から3日は使えるとのことでした。

すると1グラム3000円で仕入れた覚醒剤が、パケ7個、7万円に化けるわけです。約23倍です。特に多く売る人は、これを1日に10個、20個と売るので、月の売り上げは3

00万〜600万円のレベルとなります。原価は他の経費も入れて20分の1以下です。サービスで1本1000円の注射器（原価は数百円以下です）を付けることもあります。それが今では、仕入れ自体が1グラム8000円から1万円以上となり、小売りの売価も1パケを1グラムにして2万円から5万円、中にはなんと10万円！になることも珍しくないそうです。

仕入れ値自体が値上がりしたのは、一説によれば大手指定暴力団の間でのカルテルによるものとされています。業界では表向きは覚醒剤を扱うことは御法度となっているものの、半ば公然と扱っているのが現実で、逮捕されると組の上層部に処分されるというわけです。

覚醒剤事犯の受刑者は概して罪悪感がありません。「自分の金で買って、誰にも迷惑をかけていないのに、何が悪いんだ」と言います。もともと覚醒剤事犯は殺人や窃盗という自然犯（人間の倫理で、法律にかかわらず罪とみなされることです）ではなく、法律で禁止が規定されて犯罪となる法定犯という性格もあり、この人たちには、本心から「何が悪いのだ？」という思いがあります。その前提として遵法精神の欠如があることを度外視するのがこの人たちの常識です。

多くの覚醒剤事犯者と話しましたが（短期刑受刑者で新たに入ってくる者の大半が、窃盗か覚醒剤事犯です）、やめたいと望んでいる者は約半数と言えるものの、切実さがありません。使った時の感想にも「いいんですよねぇ」という人から、何も感じなくなってしまったのに脳が求めてしまうという人まで、いろいろでした。このような人たちも、官の仮釈放を審査される面談では、「もう、やりません！」と言うのが常識です。

さて、その菊尾さんですが、還暦になったことだし家庭もあるので、そろそろ足を洗ったらという私の言葉に対して、「そうなんですよねぇ。うーん、まずは出て（出所して）一発やってから考えますわ」と真面目な顔で話すので、苦笑してしまいました。

菊尾さんとの運動時間の話は特に楽しかったですが、彼の使用目的は性行為時の快感のためでした。「シャブでも使わないと10年以上も一緒にいる女房なんで、気分も出ませんよお」と笑わせてくれます。しかし、この奥さん、面会も手紙もしっかりやってくれているいい奥さんでした。菊尾さんが出所後も9回目のお務めに行くのは確実でしょう。

反省とは無縁の殺人犯たち

私も服役する前は、長期刑ゆえ凶悪犯が多く、その気性も荒く、長期刑務所は殺伐とした所ではないのだろうか、と想像していました。ところが同囚からすれば、「美達さんの方が凶暴で恐ろしい人だと思っていました」とのことでしたが。

いざ務めてみると、見るからに殺人犯という受刑者はごくごく稀で、拍子抜けしたものです。表面上は気のいい温厚な、あるいは気の弱そうな青年、おじさんたちの集まりにしか見えません。

しかし事件について話をすると、自分の非など認めず、一片の反省もない者が大半でした。

私より15歳ほど年長の二条さん（仮名）もその一人の無期囚です。この人の事件は、自分の貸した金を相手が返さないので、取り立てに行き、殺してしまった後、放火したというものでした。罪名は強盗殺人と放火なので、法律上、死刑か無期になります。

二条さんが繰り返し訴えていたのは、「なぜ、自分の貸した金を取り立てたのが強盗になるのか」ということでした。彼にすれば払わない被害者が悪いのであって、自分こそが被害者であると主張して、殺したことも、金を借りたくせに返すとなると開き直ったからで、今も考える度に怒りが湧くと話していました。強盗は刑法第２３６条ですが、第２項に暴力や脅迫によって不当に利益を得た者も強盗になるという解釈になる条文があり、これが根拠になっています。

私は中小企業を対象とした金融業をやっていたので、この辺のことはよくわかりますが、二条さんの行為は間違いなく強盗に該当します。「しかしよお、美達さん。それって、おかしくないですか。俺の金なのに、返さねえ奴が悪いでしょうが」。二条さんが腹立たしそうにそう言うと、周囲の同囚たちも、そうだ、そうだの合唱です。そして「そんな奴、殺されてあたりまえだ」との主張にも一同、合意の合唱でした。「殺されて当然でしょう、あんな奴。それなのに、こっちは無期ですよ。なんで無期かね。こんなもん、8年か10年で十分だろうってのに」。二条さんは納得せず、被害者を罵倒する始末でした。ただしたとえそうであれ、仮釈放のためには、「反省しています、被害者には申し訳ないことをしました」と唱え続けるのも「お約束」です。

白井さん（仮名）も無期囚ですが、私より10歳ちょっと若く、女の子のいる飲食店の幹部従業員をしていました。その仕事で、飲食料金が高い、女の子のサービスが悪いなどと文句をつけてきた客を、事務所で集団暴行して代金を取ってから殺し、遺体を中国人に頼んで処理させたのですが、そこにミスがあって発覚、逮捕となっています。

彼は私と同じ部屋で生活をしていましたが、明るい性格で調子のいいところがある話し好きでした。同じ部屋に彼と同郷のヤクザがいて、すぐに舎弟のようになって、工場でもその威光を借りて楽をして務めています。要領がいいといえばそれまでですが、自分にとって損か得かの計算に長《た》けていて、若いわりに世渡り上手です。

兄貴分となったヤクザとの話はもっぱら事件のことが多く、白井さんは何度も自分の犯罪についての反省の弁を述べていました。

「何で下手打った（ミスしたということです）のよ？」と兄貴分に訊かれた白井さんは笑顔で答えています。

「いやあ、それがですね、中国人に20万円で死体の処分を頼んだのがガンでした。奴ら、車を真四角にプレスする機械を使ったんですけど、死体を車の中に入れて、そのままプレスしやがったんですよ。そしたら、血とか内臓とか噴き出して、外まで真っ赤になってバレちゃったんです」

彼が言うと、聞いていたヤクザが笑い出し、その取り巻き連中もそれに合わせるように笑い出し、本人も笑っていました。

「バッカだなあ。おまえ、そういう時はよ、布団にくるんでプレスするんだって。そうすっと、布団が血とか吸ってくれるだろ。これだから素人は使えねえんだよな。アハハハハ」

ヤクザは笑って白井さんの額を指で押し、白井さんと一同は追従笑いをしていました。

「いやあ、自分、反省しました。やっぱ、20万ぽっちで頼むっていう根性がよくなかったです」。白井さんは媚《こ》びるように頭を掻《か》いていますが、続けて「それで無期ってのも変ですよね。飲み喰いした代金をもらっただけなのに」と首を傾《かし》げていました。

「これ、強盗になるんですか、美達さん？」と兄貴分のヤクザが訊いてきたので、「なる」と説明したものの、白井さんは納得できない様子で不満顔でした。

このように、他の受刑者がいる前で己の罪を悔いる者は滅多にいません。反省だ、更生だなどと言おうものなら、変人だと疎外される始末です。

白井さんの兄貴分になったヤクザは、法を犯さずに稼ぐという私の「講座」のメンバーだったこともあって、白井さんは私の仕事も手伝いに来ていました。気取りがなく、率直なところもある憎めない若者ですが、時折り、自分の無期刑についての愚痴や不安を私に吐露します。その趣旨は、自分こそ被害者であり、飲食代金を払おうとせずに文句を言ってきた被害者の方が悪いのだ、というものでした。「美達さん、自分、30年以上ですよ、シャバに出るまで。あーあ、60くらいのじじいになってからシャバなんて、あんまりですよね。あの野郎、もっと痛めつけてやればよかった」と白井さんは毒づいていました。当所では、殺した被害者を罵る、恨むのは白井さんが特別なのではなく、普通なのです。このことは、務め始めた頃の私には俄《にわか》には信じられませんでしたが、今となっては違和感もなく、加害者である受刑者がそのように思っていることは、特別ではないと考えるようになりました。再犯を重ねる受刑者は、自己の非についてなんら省みることはなく、相手が悪いという他罰思考でしか生きていません。

既に他界しましたが、以前、小学生の女児を強姦して殺した無期囚がいて「なぜ強姦するだけでは飽き足らず、殺してしまったのですか？」と尋ねたことがありました。彼は「だって生かしておいたら自分の顔を知っているので、パクられるかもしれないじゃありませんか」と平然と答えたのには、少なからずカルチャーショックというか、別世界の生き物だと感じたものです。

彼は仮釈放のために、一生懸命に保護司に手紙を出していましたが、悪運尽きたのか、獄内で病死しました。白井さんも、同囚の前では散々毒づいていますが、仮釈放のためには、「反省しています。被害者には大変申し訳ないことをしました」と言葉を重ねます。

他にも、空き巣に入ったところ、物色中に部屋の住人の女性が帰宅したので、発覚を恐れて殺して無期になったというような受刑者も少なくないですが、総じて「なんで、あんな時に帰ってきたのか」「抵抗しやがって」「声を出したから」など、自分のことしか頭にない言葉の洪水です。

最初の頃は、相手に非があるわけでもないのに、よくそんなことができるものだ、と批判的に見ていましたが、今は自分のこともあるだけでなく、ＬＢ級刑務所に来る受刑者とはそういう種族なのだと、穏やかに見られるようになりました。

この他にも、路上で財布を奪った相手が抵抗してきたので、胸のあたりを押したところ、相手は転倒して後頭部を打って死亡し、無期刑となり、「あんなので無期とは割が合わない」という若い受刑者、交際相手とその親族を殺して28年間の刑を科され、今も相手のことを恨んでいる受刑者など、枚挙に遑《いとま》がありません。これほど、犯罪者は反省しないものという実態は、見た者でなければわからないと実感します。しかし、彼らは裁判ではしおらしく反省の弁を述べますし、これからも公式には同じ言葉を重ねることもわかりきっています。

刑務所職員は、彼らをどう見ているのか

この節では、職員はどう見ているかというテーマに触れたいと思います。結論から言えば、職員は多くの受刑者の反省の弁の虚構については織り込み済みです。

私も数多《あまた》の職員と話してきたので、その本音や、受刑者に対する考え方は、こうであろうと推測できます。職員はLB級刑務所の受刑者に対して、反省や更生は期待していません。中には少数ですが、それを期待するというより、反省・更生のきっかけを与えたり、支援したりしたいという幹部もいましたが、現状の職員のマンパワー（定員数）や体制で

は難しいと語っていました。

一般の職員では、まったく期待していない、というのが大勢を占めていますし、現場を知る立場からはそれが順当な見方としか思えません。それでも、第1章で述べたように当所の職員は受刑者を物ではなく、人間として扱い、寛容と親切の精神で接しているので、反省していない受刑者を非難することも糾弾することもないのです。

本書を書いている間も、服役2回目の新入受刑者との運動の時に聞かされましたが、当所の職員は信じられないくらいに優しくて親切であり、相談にも親身になってくれると感激し、一緒にいた服役6回目の受刑者も同様の感想を口にしていました。

刑務所という限定された世界には、職員と受刑者との間には特別権力関係（この概念は既に成立していないとする学説もありますが、刑務所では成立しています）というものがあって、対等ではありません。初めから職員が優位にあります。そのせいで、20代の若い職員でも、自分の父や祖父にあたる年齢の受刑者でも呼び捨てですし、他の多くの刑務所では職員が頭から威圧的な命令、指示をするのが一般的です。

この点は、全国からやって来る受刑者と会う度に私が必ず尋ねる項目ですが、ほとんどの受刑者は「今もそうです」という回答でした。他施設では、ほんのちょっとの脇見でも「こらあっ、どこ見てんだっ、この野郎っ！」が普通ですとも聞かされますが、当所ではあり得ません。私の持論ですが、人というのは自分より劣位にある相手にどのように接するかで、大体の人柄はわかるものです。社会でたとえるなら、自分が客となった時、応対してくれる店の人間にどんな言動をするか、ということになるでしょう。

相手を下に見て、粗野な言動、わがままで高圧的な振る舞いをする人は、ろくな人間じゃありません。しかし、そういう人が少なくないのも現実です。刑務所は、刑務官、職員は絶対的優位にあり、自分のその日の気分次第で受刑者になんとでも言える立場にあります。

受刑者が道理の通らぬことを言えば、頭から怒鳴り飛ばし、すぐに「指示違反」「反抗」などの罪名で所内の規律違反として懲罰にしてしまうのが、大方の刑務所のやり方ですが、当所では、よほどの暴言や、暴れ方をしない限り、懲罰とはなりません。

そのような職員に対して、よくも平然と嘘を言ったり、無理難題が言えるなあと呆れることも多くあったものです。一部の受刑者には、その非常識さ、相手への配慮のなさという面で図抜けた者もいます。

私が目にした例は多数ですが、中には官に願い出などをする「願箋《がんせん》」という書類を自分のミスで指定の日に出し忘れた受刑者が、翌日に出させろと朝から何時間も粘って、職員が上の人に頭を下げて、やっと受理してもらったことがありました。

普通であれば、そもそも頼めません。頼んで受理してもらったなら、お礼の言葉や、次から気をつけますくらいは言うのが常識でしょうが、この受刑者は「やってくれんなら、さっさとやってくれたらよかったのに」と職員に言い放ち、さらに「こんなら、今後も頼みます」としゃあしゃあと言ったのでした。

さすがに職員の表情が変わりましたが、怒ることはなく諄々《じゅんじゅん》と説いていました。また、周囲の受刑者は呆れ果てるどころか、その受刑者に同調していて、私は呆れを通り越し、怒りさえ感じたものです。

こんな人間が少なくない中で、職員は反省の弁など、どれほど本気にするというのでしょうか。受刑者全員が無反省ではないのでしょうけれど、それでも刑務所としては仮釈放申請のために、外形的条件が整っていればいいとしています。

仮釈放申請のための条件

仮釈放は、まず刑務所が地方更生保護委員会に申請しなければ、始まりません。地方更生保護委員会とは、３人以上15人以内の委員で組織する合議制の機関で、ここで仮釈放の許否を決めています。仮釈放は刑法第28条では、有期刑は刑の３分の１を経過してから、無期刑は10年を経過してから審査の対象となります。小説などで刑期の３分の１、あるいは半分を過ぎてから仮釈放になったという記述がありますが、現実にはまずあり得ません。

私が耳にした中で最も早期に仮釈放になったのは、道路交通法で刑を科された女子受刑者の約半分の期間という例でした。もともと、女子刑務所の仮釈放は、男子受刑者よりずっと条件がいいという伝統があります。男子受刑者においても交通刑務所の受刑者は、最短で刑期の半分ちょっと過ぎてから、普通では刑期の３分の２を経過した前後に仮釈放になると聞いています。

通常の刑事犯の男子受刑者であれば、初犯で条件が整っていたとしても、最大で刑期の３分の１の期間を仮釈放として与えられるのが精一杯です。具体的に言えば、２年の刑なら1年4カ月目となります。この3分の1のことを「3ピン」と呼んでいますが、4分の1なら「4ピン」、6分の1なら「6ピン」、10分の1なら「10ピン」です。

大体、再犯になると、5ピン、6ピン、7ピン、8ピン、10ピンというように条件が悪くなっていきます。長期刑務所に至っては、15年の刑で8カ月間の仮釈放を与えられたのが、エリート受刑者で経理をやっていた者でした。15年といえば180カ月です。それで8カ月の仮釈放で、周りの同囚は「もらった方だ（多いということです）」と言うのです。この場合、ざっと22分の1、22ピンになりますが、長期刑はこんなもので、みんな納得しています。

仮釈放では「改悛《かいしゅん》の情」があると認められなければなりませんが、こんなものは形式だけです。私があえて「こんなもの」と表現するにはそれだけの理由があり、出所してからの再犯率の高さがそれを物語っています。

申請の条件としては、まず、身元引受人、帰住地（どこに帰るのか、ということです）が重要で、引き受け手がなければ全国に103カ所（定員2385人）ある更生保護施設に願い出をして許可をもらうことになります。

平成30年版『犯罪白書』によれば、2385人の定員についての内訳は、男性の施設88カ所で成人1879人と少年321人、女性の施設7カ所で成人134人と少年（少女のことです）51人です。この他に男女共用施設8カ所がありますが、定員数は前記に含まれています。

この施設は前にも触れましたが、受刑者の間では「保護会」と呼ばれていて、住む所、帰る所のない受刑者の避難場所とも言えます。

「保護会」は各地で受け入れ条件が微妙に違っていて、殺人犯、ヤクザ、性犯罪者は許可しない所もあるのです。「保護会」では食費のみ1日1000円程度を徴収し、住居費、光熱費などは無料になっていて、原則としては、仮釈放期間が終わるまでに仕事をして収入を得、自立していくことが求められていますが、その期間を過ぎても世話になれることもあります。また、満期出所者も受け入れてもらえるものの、熱心に職を探さなければなりません。

本来、身元引受人は親、配偶者、親族がベストと言われる他に、出所後の雇用主も望ましいとされています。さらに住む家もあり、出所後の仕事も既に決まっている状態に加え、社会からの手紙、面会は多い方がいいとされています。それらは、受刑者が常に社会で必要とされ、早く帰ってきて欲しいと請われるような存在であることを表しているので、心証は良くなります。刑務所内ではもちろん無事故（懲罰がないことです）でいること、万が一、懲罰があっても刑期の前半の時期なら、大きなダメージにはならないが、後半での懲罰はないようにすること。被害者がいるなら、手紙の発信、送金をしていることなども評価の対象となります。

この他にも、所内では被害者の供養をする「命日会」という焼香の行事がありますが、任意ではあるものの、出席した方がいいと婉曲《えんきょく》に言われますので、これも官が仮釈放申請の条件としていることが推察されます。

官としては、その内心については受刑者の言葉をそのまま書類に記入するしかなく、改悛の情の判断は、懲罰の有無、行政態度（服役態度です）、帰住地の受け入れ態勢などを勘案して決めるしかありません。形式上、事故がなく、真面目に務めているように見えればいいのです。

ある職員は、「内心での反省や更生の意思がなくても、事故なく務めていれば、それでいい」と語っていました。この職員は、無期囚が社会に出ることしか頭になく、本心では被害者のことも考えず、反省がなくても仕方ないし、それを不快にも思わないと言っていますが、これが大方の職員の本音なのかもしれません。

私が常に感じることは、長期刑務所なので職員と10年、20年、30年のスパンで付き合うことになります。すると、立場の違いはあるものの、表面上であっても互いの人柄を知ることになり、親しみも湧くような関係になるわけです。

職員である以上、100％受刑者を信じることはなくても、こいつならこの程度は信じてもいいだろうなとなった時でも、結局、裏切られることが多々あるはずで、気の毒に感じます。ベテランになればなるほど、受刑者がどんな種族か知っているので、過大な期待もなく、偏見の目も持たず、規律の中で受刑者と穏やかな紐帯《ちゅうたい》を保ちながら勤めている職員を見る度に、己も気を引き締める思いになります。

受刑者は、なぜ反省、更生ができないのか

刑務所で暮らすということは、スペースが限定されているだけに、その場の空気に馴染

む、流されるという処世術が要される時が多くなります。たとえ正論であっても、工場や部屋の場で、異論を唱えたり、余計な波風を立てたりしてはなりません。

仮にそのような受刑者がいれば、場を預かっている、あるいは管理している職員は困ります。水面下で何かあろうと、表面上、外形上、波風が立たずにその場が運営されることが、職員としての立場上、好ましいからです。

仮にある受刑者がその流れに波紋を投げ掛けた時には、それが誤っていることであれば注意・指導できますが、正論であれば厄介なことになります。それくらい、刑務所という所は平穏・同質を好み、受刑者同士でも同調圧力が働く場なのです。

工場を仕切っているヤクザであっても、自分の舎弟分や下の者を使って、工場の空気を読みながら君臨するのが長期政権のコツです。そうした場なので、思考や文化の同質性が強くなっても不自然ではありません。そこに反省・更生ができない鍵があるのです。

刑務所、またはそれ以前の少年刑務所、少年院には、その場独特の文化的遺伝子ミームがあります。ミームとは、リチャード・ドーキンスが『利己的な遺伝子』の中で用いていますが、刑務所では、そこに特有の考え、コンセンサス、習慣、常識のことです。

刑務所は犯罪者が集まる場であり、その多くが誤った思考を持ち、遵法精神が欠如、己の利欲のためには犯罪は悪いことではないとし、いかに効率よく犯罪によって稼ぐかが評価基準ともなっています。このように悪に染まることを「悪風感染」と呼ぶのですが、そんなわけで犯罪人生に疑問を抱くこと、改心・更生をすることは異質な存在、自分たちとは違う存在として認識されるのが普通となるのです。

そういったミームの中で何年も生活し、自分の犯罪的思考・言動が誤りではなく、周囲も同じであると確認される時間、生活が続くことで、もとから犯罪を悪と捉えていない以上、その傾向は強化され固定化されていきます。その固定化が常習犯罪者の認知の歪みです。自分の欲望を遂げるため、あるいは金銭などの利得のために犯罪に走ることは悪ではないという概念が醸成されます。話をしていて面白いのは、自分ではない第三者の犯罪は悪だと認め、時には怒りの念さえ表すのに、自分の犯罪は悪ではないと考えていることでした。

刑務所などの矯正施設の中では、互いの犯罪や他の犯罪についての情報交換を通じて、より安全（自分が捕まりづらいという意味での安全です）に、より効率的に自己の欲望や経済的事情を満たすべく励むというのが文化になっています。

大方の犯罪では、当面の欲求が満たされたならば、自らの非行への後悔はありません。その反復によって罪の意識、もしあったとするならば良心の呵責も麻痺していきます。残る問題は捕まるか捕まらないかですが、刑務所で暮らすこと自体は積極的に望まずとも、苦ではないのでリスクとしては軽いものとなるわけです。

金銭の利得だけを考量すると、犯罪での取得は、正業に就いて働いた後に給与をもらうより、はるかに短時間で労力も軽く、報酬も少なくはないものとなります（服役期間も含めると、とても割に合うものではないのですが、そこは顧慮《こりょ》しようとしないのです）。生来、勤勉性に欠ける者が多いこともあり、この魔力に抗《あらが》うことはできません。

犯罪を精神障害、病気とする近年の流れ

以上の事情に加えて、近年は一部の犯罪は精神障害、病気として、刑罰を科すだけではなく、刑務所の内と外の両面から治療すべきという思潮も普通化してきました。現在のところ、精神障害、病気なので「治療」を要するとされている罪種は、覚醒剤事犯、窃盗事

犯、性犯罪事犯が主なものです。

これらに共通する要素は「依存症」でした。「世界保健機関（ＷＨＯ）」によれば、依存症とは「精神に作用する化学物質の摂取や、快感・高揚感を伴う行為を繰り返し行った結果、さらに刺激を求める抑えがたい渇望が起こり、その刺激を追求する行為が第一優先となり、刺激がないと精神的・身体的に不快な症状を引き起こす状態」と定義されていました。

前掲の『「小児性愛」という病』によれば、覚醒剤は「精神に作用する化学物質」であり、これを常用することを「物質依存」というそうです。「快感・高揚感を伴う行為」には、ギャンブルが挙げられ、これを「行為・プロセス依存」といい、他には買い物依存症や万引き依存症、ワーカホリックがありました。性的な逸脱行動をやめられない、というのも「行為・プロセス依存」です。

依存症には次の７つの特徴があるとされています。

１、強迫的　自分の意思に反して、その欲求・思考が浮かび抑えられなくなり、行動化するまで、頭の中がそのこと一色になります。

2、衝動的　スイッチが入ると、衝動が止められなくなり、善悪の判断が消え、衝動のままに行動してしまうのです。そうして成功体験を重ねると、ある特定の状況・条件下で衝動が抑えられなくなる「衝動抑制障害」になることもあります。

3、反復的　その行為を繰り返すことがやめられません。それが再犯につながっています。

4、貪欲的　自己の欲することに執着する、欲が深いということです。

5、有害的　犯罪である以上、発覚すれば、社会的、個人的にも大きな損失があるのにやめられないことです。

6、自我親和的　その行為が自我、自分の心に親和的であること、好きでやっていることを指します。

7、行動のエスカレーション　その行為の頻度が高くなり、10日に1度だったことが、5日に1度、3日に1度となっていくことです。これも再犯につながる要素でした。

窃盗及び性犯罪に特有な依存症

これ以外に窃盗には、「クレプトマニア」という障害があります。窃盗癖、窃盗症とも訳されますが、精神医学のバイブルとされるアメリカ精神医学会による『精神疾患の分類と診断の手引』（DSM－5）では、「個人的に用いるためでもなく、またはその金銭的価値のためでもなく、物を盗もうとする衝動に抵抗できなくなることが繰り返される」のが診断基準の1つとされています。

窃盗前の緊張感、窃盗時の快感・満足感があるのが特徴で、男女比では女性の方が3倍から4倍程度多いとのことでした。この障害を持つ人は、やめたくてもやめられず、嗜癖《しへき》治療が必要とされています。

当所の受刑者の中でも、40代後半で自営業を営んでいるのに窃盗で複数回の服役歴がある者がおり、彼に「なんで、経済的に困っていないのにやるの？」と訊いたところ、「空き巣に侵入する時のスリルが堪りません」という答えが返ってきました。こうなると、もう病気だなと感じます。

性犯罪に関しては、WHOの『国際疾病分類』（ICD－11）に「強迫的性行動症」という障害が追加されました。これは性的行動をやめたくてもやめられないという状態が疾病だということでした。その診断基準の一部を前掲の『痴漢外来』より抜き出してみると、「強烈かつ反復的な性的衝動または渇望があり、制御に失敗している」「反復的な性行動が生活の中心となり、他の関心、活動、責任が疎《おろそ》かになっている」「性行動の反復を減らす努力がたびたび失敗に終わっている」「望ましくない結果が生じているにもかかわらず、またそこから満足を得られていないにもかかわらず、性行動を継続している」「この状態が少なくとも6カ月以上の期間にわたって継続している」などです。

ただし、何でもかんでも病気ということではなく、その行為（犯罪）によって本人が著しい苦痛を抱いているケースが病気となります。日本にはデータがないものの、海外での有病率は人口の3〜10％となっていました。そのほとんどが男性です。性的依存症の多くは18歳以前に発症し、ピークは30代から40代となり、これは男性ホルモン（アンドロゲン）の作用と大きな関連があるそうです。

俗に変わらない人はいないと言われていますが、ＬＢ級刑務所の受刑者の多くは変わりません、と断言できます。唯一、改善の望みがあるとすれば、倫理とかの面ではなく、「あなたは人生で損をしている！」という損得を前面に打ち出すアプローチですが、これにしても正業に就く、働く、一定の収入の範囲で暮らす、法を守る、という数々のファクターが強制されなければ、結局は犯罪者の人生を歩むしかありません。

再犯を重ねる犯罪者、受刑者とは、社会のみなさんが、表面を見て「受刑者も普通の人」とそれまでの概念を改めるほど単純ではなく、一見、普通の人、いい人に見える中に、自分のエゴが起これば相手のことも法も顧慮しないという、二面性が潜んでいるのです。

何でもない状況で、ワルだ、というのは当所でも稀な存在で、ほとんどの受刑者は話すだけなら、悪い人には思えない人々です。

その「いい人に見える人たち」が反省、改心をしない理由に、共感性の欠如、他者への配慮の欠如、自己の人生及び来し方を見つめる、考えることの欠如などがありますが、並の刑罰では変わりません。変える動機となり得る可能性のある刑罰については次章で考えてみましょう。

第3章

死刑は犯罪の抑止力となり得る

なぜ、今、死刑について考えるのか

近年再び、量刑が寛大になって、死刑判決が忌避されている趨勢《すうせい》があるので考えてみました。まずは、死刑の犯罪抑止力についての私見です。

「死刑に抑止力はない」「死刑に抑止力はある」という対立する主張の論争が展開されて久しくなりますが、この問題の答えは、いささかも難しいものではありません。

その犯罪者によっては、死刑が抑止力になり得ないケースは確実にあるものの、抑止力になっているケースの方が、比較にならないほどはるかに多いのです。これは犯罪者、それも犯罪傾向の進んだLB級刑務所の受刑者と、当所にて服役している刑期10年未満の短期刑受刑者の両方を知る私にとって、寸秒も考えるような問題ではありませんし、それくらい結論がはっきりしているテーマです。

「死刑に抑止力はない」と主張するのは、主に死刑反対・廃止論者ですが、これらの人々の主張の根拠の第一は、通り魔殺人、無差別殺人などに多い、「死刑になりたかった」という思考を持った殺人犯の存在です。

厭世観《えんせいかん》に苛《さいな》まれて、生きるのが嫌になり、死にたくなったのに自分で死ねず、ならば死刑になろうというので、犯行に及んだ事犯とされていますが、その本音は生きるのが嫌になった、までは100％その通りであっても、自分で死ねない、だから死刑によってという部分はそれのみとは言えず、怪しいものです。

このような人間なので、自分だけがこの世で不幸であって、どうして他の人は不幸でないのか、という妬みや怒りから道連れにしてやるというのが本当のところだと推察しています。

これらの殺人犯のように、世を捨てたというより自分さえ捨ててしまう、自分の世界しかない人には死刑という刑罰は感銘力（刑罰の効力、畏れさせる力、忌避される力を考えて下さい）を持たず、無力でしかありません。

また、殺人事件の多くは、怒りなどで衝動的に行ってしまうので、その瞬間の情動を鑑みれば、死刑といえども無力と言えるでしょう。

平成30年版『犯罪白書』によれば、2017年に日本で殺人罪で裁判となったのは242件、判決が無期刑だったのは放火殺人が1件、強盗致死と思われるのが13件など、合わせて21件あります。実際は強盗致死、放火殺人、強盗・強姦殺人でも酌量減軽（判事の裁量で法定刑より減刑できます）で有期刑となっている可能性がある件数も含めると、もう少し多いかもしれません。

では、この二百数十件のうち、死刑判決があったのは3件です。

そのうち死刑判決があったのは3件です。「自分は死刑になるために犯行（殺人）に及んだ」と公言している事犯は何件あったでしょうか。そのような発言をしていればメディアが飛びつくことは、読者のみなさんも知っているはずです。

年間を通して、数件もありません。2018年6月に東海道新幹線の車内で乗客の男性を殺害し女性2名に重傷を負わせたK受刑者（無期懲役が確定）も「3人殺せば死刑になるので、2人までにしておこうと思った」と公判で述べています（『産経新聞』2019年12月19日付）。そして、無期懲役の判決が下された直後に「控訴しません。万歳三唱します」と喜んでいます。

K受刑者は刑法という法律を研究して、2人までなら死刑を免れることが可能と述べているように、皮肉にも、死刑の抑止力が作用していました。

みなさんに理解して頂きたいのは、前述のように、年間に数百件ある殺人事件の中で、

1件あるかないかの「死刑になりたいから犯行に及んだ」という、超のつくレアなケースを死刑廃止論者たちは、あたかも普遍的であるかのように喧伝《けんでん》して、死刑に抑止力がないと主張してきたのです。

たとえるなら300匹の白い子猫の中に、1匹または数匹の黒い子猫がいるだけで、白い子猫の存在を無視するのと同じ構造の論旨でしかありません。世の中には、その人間の数だけ思考パターン、価値観、信条があるので、「万人に有効な刑罰」など存在するはずがないのです。最大多数の最大幸福という言葉がありますが、乱暴に言ってしまえば死刑という刑に感銘力を感じる人が、世の多数派であれば効果がある、抑止力があると評価しても誤りではありません。

ヤクザや凶悪殺人犯でも死刑は恐れる

では次に私が経験した「死刑に抑止力はある」例を紹介しましょう。最初は筋金入りのワルとも言えるLB級刑務所の受刑者たちの面々の偽らざる犯罪観です。彼らは再犯を繰り返してきた挙げ句に、長期刑受刑者となったワルの中のワルなのに、例外なく受刑者たちは死刑だけは嫌がり、そうならないように犯罪を実行します。

彼らにその理由を尋ねれば「死ぬんですよ、自分がやっぱ死刑はまずいじゃないですか」と他人を殺したことは棚に上げて、当然でしょうという態度で答えるのが常でした。稀に「次は捕まったら死刑になるような山（犯行のこと）を踏みたいです。でも、悪くても無期がいいですよ」と、人生を捨てて乾坤一擲《けんこんいってき》の勝負に出る高齢の受刑者も何人かはいましたが、それは1％にも満たない少数派であり、これらの受刑者を以《も》って死刑に抑止力はない、とは主張できません。

完全に人生を捨てた者、または私みたいに自己の信条が死より尊いとしている者には、死刑の抑止力はないですが、このような者は社会においてもごくごく稀な存在で、普遍性などはなく、抑止力がないという主張の論拠としては、誤差程度のものにしかなり得ません。

歴戦の兵であるLB級刑務所の受刑者でさえ、自分が殺されるという死刑は避けるのです。それが主流で、例外は稀の稀となります。法を恐れない長期刑の再犯受刑者が死刑を恐れるというのは、十二分に抑止力がある証拠です。

おかしな表現になりますが、再犯を重ねる受刑者の中でも最高ランクに位置する長期刑受刑者でさえ、死刑は御免だという意識を強く持っています。

次にはヤクザという受刑者たちについて述べてみましょう。彼らにとって20年程前までは、長い懲役は一種の勲章でした。出所すれば箔《はく》が付き、組織内でも幹部に登用されると共に、他の幹部組員から一目も二目も置かれるだけではなく、武勇伝の人、伝説の人になることもあります。

他の組織からも同じような目で見られ、ヤクザ御用達雑誌に載る際には「若気の至りで長期の懲役に行っとりました」と朗らかに、あるいは厳かに語る資格ともなるわけです。

しかし、現在でも表向きでは、たしかにこのような面はあるとしても、それより、シャバに残って金儲けに精を出し、親分に金を貢いだり、兵隊組員を集めたりする方がはるかに出世につながります。

そんな時勢に、組のために長い懲役を覚悟して犯行に及ぶ（主に抗争事件です）のですから、ヤクザの中でも人がよく（お人よしも少なくありません）、他の組員たちよりは肚《はら》も据わっている人たちです。実際、私が接した中にも、「この人は肚ができているな」という人が何人かいました。

そのようなヤクザでも例外なく死刑は嫌というのです。ヤクザに限定して言えば、彼らは無期刑も嫌がります。それは仮釈放で出所する条件として、ヤクザをやめなくてはならないからです。

なぜなら、無期刑の仮釈放出所者は原則として一生、保護観察を受け、月に1～2回は保護司の面接を受けることが義務化されているからです。その時にヤクザを続けています、となれば遵守事項違反として仮釈放は取り消され、刑務所に逆戻りです。

近年、取り消しの条件が厳しくなり、ほんの数回、保護司との面接をサボったり、住所を無断で変えたりしただけでも取り消されます。もちろん、道交法での罰金でも取り消されます。刑務所へ逆戻りすれば、また長年務めなくてはなりませんし、次の仮釈放は容易ではなくなります。なお、わずかですが、保護観察を受けて10年以上経った際に個別恩赦を申請して許可となれば、保護観察解除となることもありますが、一般的とは言えません。

いくら組のためとはいえ、死刑となる可能性を超えて犯行に及ぶ者はいませんし、百歩譲っていたとしても稀の稀で、そのことで死刑に抑止力がないとは到底言えないでしょう。

逆に言えば、刑法と密接な関係にあるヤクザだから、自らの生命を捨てる死刑に相当するまでの犯罪は意識して回避しているのです。当然、抑止力の効果と言えます。

三番目は、当所で出会った再犯の短期受刑者たちの考え方です。彼らは数回から十数回の服役歴を有していますが、それは短期刑を繰り返してきたからでした。

そんな彼らは、重い量刑を恐れています。たとえば強盗で捕まった受刑者は、空き巣に入っていた時に、その家の人が帰ってきて御用となりました。その時に家人と揉《も》み合って相手の手に引っ掻き傷を作ってしまったので、窃盗ではなく強盗致傷になってしまい、量刑も窃盗なら3年前後ですむところ、5年6カ月もの、彼の言葉によれば「気が遠くなるほどの重い刑」を科されてしまったのです。

このような時、捕まってまた刑務所に入るのが嫌だと考え、あるいは家の人の抵抗に遭ってカッとなって衝動的に殺してしまうと、予期していなかった無期刑（被害者の数や、犯行態様によっては死刑です）になってしまいます。

私が、なぜ相手を殺してまで逃げなかったのかと尋ねると、短期刑受刑者らは目を丸くして、「そんなこと、できるわけないじゃないですか！」と私が非常識だというような反応を示すことが普通でした。

また、何度も服役している受刑者に、殺人などは考えなかったのかと尋ねると、「とんでもありません！」という回答が普通です。彼らにとって死刑どころか長期刑でさえとんでもない量刑で、犯罪人生を送っている癖に、そこは限度を決めているので、おかしいなあと笑ってしまいます。

服役10回を超える「多数回受刑者」でも同じで、どれだけ犯行を重ねようと、どんな時でも死刑にならないように「自制」しているのです。ここにも死刑の強い抑止力が働いているのがわかります。

ここまでの私の経験から導き出せることは、日本の刑務所に出入りする受刑者の約６割はリピーターであり、この種族に対しての死刑の感銘力には絶大なものがあり、死刑は社会のみなさんが考えている以上に抑止力があると断言できるのです。

ＩＱが標準の１００以上ある犯罪者は７・６％しかいない

では、実際に死刑を科された人たちについて考えてみましょう。彼ら、彼女らに死刑の抑止力は働かなかったのかとなれば、死刑になりたくて他者を殺した人以外の脳裏には、そもそも自分の犯罪が発覚する、自分が捕まるという発想も意識もありません。

犯罪者、受刑者の過半は、自分の犯罪が発覚する、従って逮捕され、刑務所に行かねばならないという状況は想定していないのです。ここは、私が怪訝《けげん》というか、どうせ生涯、犯罪人生を歩むのなら、捕まらない工夫を研究して二重三重に構築することを、なぜ考えないのだろうか、と感じている点でした。

その答えの一番目は、彼らの大半が知能の低い者です。法務省の新入受刑者に課する知能検査では、標準と言えるIQ100以上が7・6%しかいません。そして、IQ99以下が87・9%（女子87・2%）、IQ69以下が23・0%（女子24・3%）もいます（法務省HP「新受刑者の罪名別知能指数」より）。しかし、みんなが低いので刑務所ではよほどの低さでなければ目立ちません。なお他にテスト不能者がいるので、合計は100%になっていません。

これ以外にも、自己を客観的に見るメタ認知ができない者が大多数なので、捕まらないための工夫ができないか、下手なのです。さらに、「捕まったら、ま、しょうがない、ドジったんだから仕方ない」という程度で犯罪人生を歩いています。

この現状を知った時、私は呆れを通り越して、「凄いなあ！」と感嘆してしまいました。このような構造のため、死刑囚のうち少なくない人が、自分の醜行《しゅうこう》は見つからない、万が一、見つかったとしても逃げ切れる、証拠がないはずだから無罪だ、などと考えていたのです（法廷での否認の供述が、それを物語っています）。

むろん、発覚するかもしれないという懸念を持つ人がゼロとは言いませんが、全体の数からすれば微々たるもので、その人たちを見て、抑止力がないと主張することは説得力に欠けます。

また、これまで死刑の抑止力について語られる際に触れられなかった大前提があります。それは大多数の国民は、死刑はおろか、犯罪をまったく自分には関係ないものとして生活していることです。

被害者として犯罪に巻き込まれる可能性はあっても、自分が犯罪者になることは考えていません。もちろん突発的に、あるいは日頃の人間関係（家庭内、介護疲れなども含めて）いかんによっては、自分が意図しなくても犯罪者になる可能性は否定できません。

しかし、その時の犯罪は、仮に殺人であっても、ほとんどは死刑に相当するほどのものではなく、当人も量刑について検討しない方が多いでしょうし、検討することがあったとしても、死刑までにはならないというケースになります。

無差別殺人や、死刑を望んでの殺人事件は初めから意図的であり、死刑の抑止効果はありませんが、前述のように全殺人事件の中で超のつくレアケースです。となれば、死刑の抑止力とは、いったい誰を相手にしたものなのかが問題となります。そもそも犯罪実行を企図していない、考えもしない人には、死刑どころか刑罰は関係ありません。

では、誰か？　それは主として常習的な性犯罪者や、再犯を繰り返す受刑者になり得る人たちであり、これから殺人を含んだ犯罪を実行しようと考えている人たちが対象です。この人たちが、死刑を恐れなければ、殺人事件（保険金殺人、強盗殺人、強盗・強姦殺人、放火殺人なども含めて）の多くは死刑を考量されるほどの凶悪、残虐、悪質なものとなるはずなのですが、現実はそうではありません。

発覚しないであろう、犯行の隠蔽がうまくいくであろう、少なくとも初めの何件かはうまくいっていたのだから、これからも大丈夫だろうという犯行が、発覚後、死刑を科されるのであり、発覚しないという前提でいた以上、どんな苛酷な刑罰であろうと自分に科されることは考えず、抑止効果とはなりません。ただし、このケースは全体の中のごく少数で、大半の常習犯罪者の頭の中には死刑に相当する事犯だけは避けようという意識があり、抑止効果となっているのです。仮にこの人たちが死刑の感銘力を覚えなければ、凶悪犯罪の多くは、死刑に相当するような犯行態様になってもおかしくありませんが、毎年、数百件もある殺人を見ても、死刑かどうかを争う事犯は数パーセントもなく、死刑判決に至っては1%程度です。この小さな数字の妥当性はLB級刑務所で暮らしている私にはよくわかります。

死刑基準の曖昧さが、及ぼす影響

刑法においては、このような条件に合致すれば自動的に死刑となりますよ、という明確な基準はありません。そのために、刑法に疎い少なくない国民は、1人でも殺したら（要は殺人事件の加害者になったら）すぐに死刑になるのではと考えている人も一定数います。これは決して正しい認識ではありませんが、死刑の犯罪抑止力になっています。他方で、明確な基準がないゆえに、抑止力になっていないと考えられるケースもないわけではありませんが、前者に比べればごくわずかです。

なぜなら、抑止力にならず死刑を科されるような殺人事件を起こした人は、2017年の統計では3人しかいません。この3人を以って、抑止力がないと主張するのは、前述したように根拠にはならず、同年の殺人事件だけでの242件と比較考量してもわかるものがありました。1983年に最高裁判所が上告中の事犯に示した判決をベースとした次の9項目です。

(1) 犯罪の罪質
(2) 動機
(3) 犯行態様（特に殺害方法の執拗性・残虐性）
(4) 結果の重大性（被害者の人数）
(5) 遺族の被害感情
(6) 社会的影響
(7) 被告人の年齢
(8) 被告人の前科

(9) 犯行後の情状

この中で重視されるのは被害者の人数です。

参考までに付記すると、永山則夫連続殺人事件とは、1968年に発生し、永山則夫（当時19歳）が横須賀の米軍基地から拳銃を盗み、東京、名古屋、京都、北海道でガードマンやタクシー運転手など4人を射殺した事件で、タクシーの売上金目的の犯行ながら、強盗殺人も含んでいます。

一審判決は死刑、控訴審では無期懲役刑、最高裁は差し戻しをし、差し戻し審では死刑となり、処刑されました。犯行当時、19歳の少年であることから控訴審では無期刑になったものの、4人の殺害は重いということで死刑になったのでした。

少年法では犯行時18歳未満の者には死刑を科さないことになっていますが、19歳ということで諸々の条件が検討されました。その時に示されたのが、のちに「永山基準」と呼ばれるようになった9項目でした。

主な項目についてどのようなことなのか具体的に述べますと、(1)犯罪の罪質、(2)動機、(3)犯行様態に関しては、俗に「犯情が悪質か」と言われるもので、犯行の「計画性」「動機」

「残虐性」「執拗性」「冷酷性」「凶悪性」などが考量されます。

殺人事件での公判における一つのポイントは、計画的かどうか、殺意があったのかどうかで、結果が被害者の死であっても、初めから殺意があって計画的だったのと、衝動的に暴行（攻撃）に及んで殺してしまったのでは、量刑は大きく異なります。

前者は「殺人罪」、後者は「傷害致死」で、「傷害致死」となれば量刑は人を殺したのにもかかわらず、たったの4年から6年程度の懲役刑でしかありません。公判で、検察官と弁護人が、被告人の犯行時の行為・行動をもとに、殺意の有無について丁々発止とやり合うのは、そのためです。

動機については、怨恨や怒りより、金銭目的、自己の犯罪の隠蔽や性欲のためというのが悪質とされます。このため、強盗殺人、保険金殺人、強盗・強姦殺人、身代金目的誘拐殺人、放火殺人（犯罪隠蔽が多い）などは重い刑罰となるのです。殺害に銃器、爆破物、毒薬などを用いた時も悪質とされます。

残虐性では、灯油をかけて生きたまま焼き殺す、長い時間のリンチにより殺す、生きたまま首（体）を電動のこぎりで切断し殺す、執拗性では、繰り返し刃物で刺す、暴行する、冷酷性では、老人・幼児でも容赦なく殺す、相手の苦痛を楽しむ、凶悪性は、これまでの各要素の総合的判断となります。

みなさんが死刑になった犯罪を調べたなら、その犯行の動機や、犯行態様について他の殺人事件とは異なる要素を見ることができるでしょう。そして、以上の項目より重視される項目があります。

それは⑷結果の重大性という項目での殺害した人数です。一般的には被害者が2人か、3人かが一つの分岐点と言われています。しかし、逆にこの項目で被害者の人数が「明確」にされていないことが、死刑という究極の刑罰の抑止力に影響を与える曖昧さにつながっています。

実際の裁判に見る量刑の差

たとえば2019年12月、25歳の男に無期懲役刑の判決が下されたのですが、これは小学校2年生（7歳）の少女を性欲目的で殺害したという事件でした。検察も「まれにみる悪逆非道な犯行」と断言したほど、犯行態様は悪質で、女児を後ろから車で撥《は》ね飛ばし、苦痛に喘《あえ》ぐ女児を車内に連れ込んで首を絞めて気絶させ、猥褻行為に及びました。

女児が意識を取り戻して泣きじゃくると絞殺したのです。そして遺体を線路に放置し、列車に轢断《れきだん》させています。普通の人の感覚であれば、残虐、冷酷であり、遺族感情も極めて悪いものでした。

しかし判決は死刑ではなく、無期懲役刑であり、裁判長は「計画性は認められず、犯行も際だって残虐とはいえない」と判決文に記していたのです。

では、まったく同じではないものの、過去の判例を見ると別の判決がありました。2004年に奈良県で起きた事件です。男が小学1年生の女児を猥褻目的で誘拐して殺害、陵辱したのち、遺体を損壊、その遺体の写真を女児の両親に携帯電話で送信しました。

この事件では死刑が科されています。同じ猥褻目的による誘拐と殺人、その後の死体損壊でありながら、量刑は分かれました。この差が時代や、裁判官によるものなのか、疑問が残ります。

もう一つは前述したK受刑者の東海道新幹線内における殺人・傷害事件です。被害者とは面識もなく、止めに入った男性をメッタ刺しにして、強い殺意をもって何の恨みもない相手を殺しています。当然、一片の反省の心もなく、現時点での更生の希望はありません。有期刑になれば、出所後、また必ず人を殺すとも言っているのです。

動機にも酌むべき事情はなく、新幹線内の凶状ということで、社会防衛上も社会に与えた影響は甚大でした。メディアや法曹関係者の間では、更生の可能性を放棄している被告人に対して、検察が死刑を回避する必要はなかったのではないか、という声も出ていましたが、死刑を求刑できなかったのは、永山基準の壁があったのではないかと言われています。

この犯人がどのように刑法を研究したのか定かではありませんが、死刑を回避して無期刑を狙うところに、パラドキシカルながら皮肉にも死刑の抑止力が作用していました。ただ、確実に死刑を回避できて無期刑になるかどうかは可能性の問題で、検察や裁判官によっては死刑の可能性がゼロとは言えなかったでしょう。犯人はその状況下で、2人までは無期刑という判例を信じて凶行に及んだと言えます。

また裁判員裁判施行後、市民感覚の反映ということで、死刑をはじめとする厳罰化が進み、特に性犯罪では過去の判例を超える判決が出されるようになりました。

しかしここ数年、死刑判決に関しては、高等裁判所（高裁）による、一審の死刑判決を破棄しての無期刑が目立ってきています。例として、松戸の女子大生殺人事件、大阪の心斎橋無差別通り魔事件、さらに2015年9月に起きた埼玉県熊谷の6人殺害事件などがありました。

最後の熊谷の事件では犯人が次々と家に侵入し、6人を殺して死刑を科されていたのですが、2019年12月5日に高裁が無期刑として、刑は確定しています。

理由は、一審では精神状態は完全であり責任能力はあるとされたのに対し、二審の高裁では、統合失調症で心神耗弱《こうじゃく》の状態で責任能力に欠けていたというものでした。

統合失調症とは、思考や意欲に障害があることで、これ自体が犯罪に至ることではありませんが、密接な関係を及ぼす場合もあるということです。

この他にも、正常ではないということでは、アルコールや薬物を用いている時の犯罪がありますす。この時の状態を法律用語で「原因において自由な行為」と称していますが、これは自分の自由な意思に基づいてやったことなので、完全に責任能力があるとするのが一般的でした。

こうして国民である裁判員が呻吟《しんぎん》して下した死刑判決を、上級審のプロの裁判官が覆すことが増えてきましたが、『週刊新潮』（2019年12月19日号）によれば、熊谷の事件では、犯行の証拠を隠蔽して捜査を逃れようとしていたなど、責任能力はあるので、初めから死刑を破棄する結果ありきの判決ではなかったのかと報じられていました。同誌では甲南大学法科大学院の渡辺修教授が、「一般人の視点、感覚を反映させ、市民と裁判官の協働という制度の目的を無視して、プロの裁判官が量刑判断のイニシアチブを握ろうとしている」旨のコメントを述べています。私の体感でも、2009年に始まった裁判員制度によって、死刑判決及び無期刑など、従来より厳しい判決の傾向が見られたものの、ここ数年でまた元に戻ったかのように感じるのです。

死刑は究極の刑罰ゆえに、安易に科すべきものではないというのはよくわかりますが、逆に慎重になり過ぎて、社会正義の形骸化や、被害者感情を置き去りにしたままというのは疑問に感じます。

『法の精神』を著したモンテスキューは、「殺人という理不尽な被害に遭った被害者と遺族に対して、救済しよう、いくらかでも応報感情を満たしてやろうという刑罰がなければ、法の下での正義とは何か」と語っていますし、ヘーゲルも「我々の行為の戒律が普遍的であるかのように振る舞うことだとするならば、彼を殺すことは、彼の選択した戒律を施すことであり、彼の行為を普遍性として認めることに他ならない」と語っていました。

日本では「密行主義」と言われて、故・鳩山邦夫氏が法務大臣になるまで、誰がいつ執行されたかなどの情報は公にされていませんでした。それもあり、死刑という刑罰の持つ意義や感銘力が稀薄というより、ほとんど感じていないに等しい国民が圧倒的多数です。

日本の刑務所にいる常習犯罪者たちだけではなく、一般国民にも死刑の意義と要件（どういうことをすると死刑になるかなどです）を周知徹底させる施策を取れば、一般の国民（常習犯罪者以外の）の間でも、死刑への恐れ、抑止力は浸透します。

もちろん、そんなことなどしなくても、日本は治安の良い国であることに変わりはありませんが、「抑止力の普遍化・浸透化」として一考の価値があるでしょう。

そういう「普遍化」ということでは、2018年7月6日と26日の「オウム真理教事件」においての13人の死刑囚の処刑は、わずかながらその役割を果たしたように感じます。

井上死刑囚は、なぜ死刑を免れなかったのか

オウム真理教によって起こされた殺人監禁致死、地下鉄サリン事件などにより、被害者は死亡が29人、負傷者は約６０００人にもなりました。一連の事件には１９８９年11月の坂本弁護士一家殺人事件、１９９４年６月の松本サリン事件、１９９５年２月の假谷さん監禁致死事件、同年３月の地下鉄サリン事件などがあります。この事件群によって起訴された教団の信者は１８０人以上で、教祖を含めて13人に死刑判決が下されました。教団の中で修行の天才と呼ばれて、信者の獲得に大いに貢献したのが井上嘉浩死刑囚でした。

彼は２０１８年７月６日に、事前（３月）に移送されていた大阪拘置所にて処刑されています。ノンフィクション作家の門田隆将《りゅうしょう》氏の『オウム死刑囚　魂の遍歴—井上嘉浩　すべての罪はわが身にあり』（ＰＨＰ研究所）によれば、井上死刑囚は中学生の頃から、現世の汚濁を嫌い、精神世界への没入と「霊性による社会革命」を志向するようになり、高校進学後、阿含《あごん》宗の桐山靖雄《きりやませいゆう》氏に師事するも、周囲の人々に疑問を抱いて離れ、雑誌によって知った麻原彰晃《しょうこう》（のち、オウム真理教教祖）の下で修行を始めます。

井上死刑囚は、同書で読む限り、求道者的精神の持ち主のようであり、自らの霊性を高めるため真摯に修行に励み、卓越した能力から、教団内で頭角を現し、出世していきました。その過程で、多くの信者を獲得した実績もあり、教祖の側近、教団の幹部となりました。

そうして、教団が活動していく途上で数々の事件を起こした結果、井上死刑囚は1995年5月15日に逮捕されたのです。25歳の時でした。

彼の裁判では、一審が無期懲役刑、二審が死刑となり、三審の最高裁で上告は棄却され、2010年1月に死刑が確定しています。なお、教団の高級幹部の中で一審で無期懲役刑となったのは、井上死刑囚以外では、早くから真相を供述していた林郁夫無期囚だけですが、彼はこのまま確定して服役しました。

門田氏の著書では、井上死刑囚の行為と教団の関係が縷述《るじゅつ》されていますが、彼が直接、手を下した事件はないと言ってもいい状況でした。それどころか、彼は途中から教団からの逃走を画策するようになったものの、諸般の事情で断念し、あとは自分が教祖にポア（殺すこと）されない程度に、事件の核心となる行為・行動から逃げようとしていました。

少し詳述すると、彼は教団から脱走した信者が、教団によって、どのように捜索、発見、処分（殺害など）されるのかを目の当たりにして、日本国内にいる限り逃げ切れないと諦めたのです。

この諦めの理由は、存命中の両親の生命の安全もあり、自分はともかく、両親が逃げ切るのは不可能と観念したからです。この点、金融業をやっていた私は、よくわかります。年金生活をしている高齢者、義務教育期間中の学童を持つ親、難病を抱えている当人と家族など、住民票登録、年金事務所への登録などを要する人は、国内では到底逃げ切れないのです。

まして教団には公務員、警官の信者もいるので、井上死刑囚の考えは妥当なものでした。そして、彼は複数の事件実行の謀議に加わっていたとして、結局は死刑を科されました。一審の無期刑は、裁判官が虚心に彼の関与の度合いを考量してくれたからでしたが、二審以降は共同正犯として実行者と同じ罪と認定されたのです。

私が彼について感心、感動したことは、彼が真実を語り、二度とこのような犯罪を起こさないことが、自分にできる被害者への最大の償いとして、真摯に反省、悔悟している姿勢と、その心情の本物さでした。

私はこれまで、数多の死刑囚の反省の手記や反省の弁を見聞きしてきましたが、その中で本物と体感したのはごくごく稀で、ほとんどは反省した気になっているだけで思慮が浅い、または単に宗教に逃げているだけのつまらないものだったのです。

中には、「うん、その通り」と同じ思いを感じた死刑囚もいましたが、大半は己の非を悪と言いながら、己を捨てられない形だけの反省でした。真に己が悪いと痛感するならば、自分の生命も人生も要らないと感じられるはずです。

しかし多くの死刑囚には、それがありません。それに引きかえ、井上死刑囚の反省の言葉は、心の奥底、魂の叫びであり、震えのように感じられました。

この男は誠実であり、自分に厳しくできる男だ、と伝わってきたのです。その求道者的精神、真面目さ、能力などからして、この人は社会で生きていれば、何らかの社会的貢献もできた人でしょう。

前掲書で彼はオウムと出会ったことは業、宿業と言い、自分を見失っていたことに後悔ありと語っていました。真剣に生き方を模索した男がいたと感じると同時に、被害者や、その御遺族からすれば、到底、受容できないものであろうとも考えさせられました。

その井上死刑囚は、直に手を下していなかったのに、なぜ死刑でなければならなかったのか。犠牲者となった被害者の数、社会に与えた影響が、日本の歴史上では未曽有のものだったことと共に、彼が複数の殺人事件の謀議に加わっていて、抑止の行動を取ることに消極的だった、あくまで内心で（いけないことだと）考えていただけだからというところでしょう。

井上死刑囚が置かれた立場に構造上、似ている事件としては1996年から1998年にかけて北九州で起きた「同居家族連続監禁殺人事件」があります。これは男女2人が、女の同居の親族など6人を殺害した他、1人を傷害致死で死なせた事件でした。

主犯の男は命令するだけで、実行したのは女です。どういう状況下にあったかというと、男は常に誰かに対して、電線を使って体に電流を流すという拷問のような遊び、罰を繰り返して、恐怖によって一家を支配し、少しでも気に入らない、金をよこさないとなれば、女や他の家族を使って痛めつけさせた挙げ句、殺害し、死体を風呂場で解体させて遺棄までやらせていたという残忍なものでした。

女も度々感電させられ、恐怖でいっぱいだったので抗うことはできず、言われるままに、自分の親族を殺していきました。この事件では途中で少女が逃走に成功し発覚したものの、犯行からは時間が経っていたので、証拠に乏しく、少女の証言をもとに公判が進んでいます。一審では男女共に死刑でしたが、二審では女の方が抵抗できなかったとして無期刑に減刑され、それぞれ最高裁で確定しました。

井上死刑囚の立場は、この女に近い構造のように感じるのです。教祖の指示に逆らったり無視したりすれば、自分が殺されてしまいます。警察に通報しようにも、自分と両親の安全は確保できません。

では、彼に教祖を逆に亡き者にしてしまえ、という発想があったかというと、ないわけで、他に取る手段がないとも言えました。それでも、死刑を科されています。

こうなると、彼が直に実行した、しないというより、これだけの大きな被害、社会的な恐怖を与えたのだから、社会正義の実現のためにも高級幹部としての責任を取ってもらおうという意味が強かったのでしょう。

さらに被害感情からいえば、犯人に害を加えて状況を悪くすることで、被害者、または遺族の心情の慰謝を図るということもあります。社会正義の他にも、社会防衛（安全な社会を保っていくことです）という観点も看過できません。社会防衛の核心は、社会規範から外れる者、犯罪者から社会を防衛しようということです。

そう考えると、その逸脱が異常になるほど、社会防衛の必要性も高くなります。そこに死刑という刑罰の重みがあるわけです。結果として、大量殺人で社会の安全と正義を著しく毀損した者の生命が、死刑以外の刑罰で存続することは許されなくなり、井上死刑囚が消極的にかかわったとしても死刑となります。

彼が本心から反省して悔悟の念を持ち、被害者の人たちに申し訳ないと感じていたことを否定できません。ここに真剣に己の罪について考究した人がいた、という思いです。そうであっても、犠牲が大き過ぎました。

井上死刑囚は事件の時、己の死刑について想像することは難しく、現状での身の安全を期すことは致し方なかったでしょう。

この件についての理由は二つあり、一つは一連の事件の重大さを自覚しきれていなかったこと、もう一つは万に一つ、発覚したとしても、彼は自分の関与の度合いから死刑になることは考えられなかったであろうということです。

彼がもう少し下級の幹部であればとも考えましたが、最高幹部であり、当時の世論は彼を強く非難していたので、その責任は免れ得なかったのだと感じました。

死刑は他の刑罰と異なり、更生するなどの教育刑的要素はないぶん、「目には目を」の応報刑的要素が強く作用します。もし、オウム真理教の幹部たちが、早いうちに自分たちのしてきたことが発覚して逮捕されることを想起していたならば、犯罪によって他者の生命を奪い続けることの恐ろしさに気付き、地下鉄サリン事件はみんなで教祖を説得する、実力行使で押さえつけるなどして、実行を思い留まらせることができたかもしれません。

死刑は100%の死ですが、みんなであるいは一部の者で犯行を阻止しようとするなら、1%でも助かる道があったかもしれないからです。

捕まることさえ考えていたならば、死刑は抑止力を発揮していたでしょう。しかし、彼らは殺人事件という犯罪を重ねるうちに、自分たちの犯罪は発覚しないという錯覚に陥ってしまったのです。これは同様の犯罪を重ねていく者に特有の心理状態で、自分の悪事は露見することなく続くという、根拠のない信仰に近いものでした。

先にも述べたように、死刑の抑止力は万人に対して効果を持つ性質のものではありませんが、それは、そもそも犯罪とは無縁の人が圧倒的多数派だからです。誰もが加害者、殺人犯になるというのはレトリックの上だけで、ならない人が大半なのです。以上、死刑に犯罪の抑止力はある、ということでこの章を結ぶことにします。

第4章
ヤクザと少年犯罪者

プリズン・カーストの最上位であるヤクザ

かなり以前から、学校では生徒間での階層差「スクール・カースト」の存在が叫ばれてきましたが、それ以上に歴史と伝統（？）を持つのが刑務所内での受刑者間の階層差です。強引に名称を付ければ、「プリズン・カースト」とでも言えるのでしょうが、その頂点に立つのがヤクザでした。

このカーストは、「寄場」の常識となっていて、必然的に各工場のボス、リーダーとなるのはヤクザであり、その中でも上位にある者、リーダーシップのある者となります。

この場合の上位という定義には、いくつかの型があります。ヤクザでも大組織の直系組長（「直参《じきさん》」とも称し、組のトップの直接の子分として盃を受けている者で、大体は大きな組を抱えています）ともなれば、官としては工場に配役しません。そのような大物を工場に出せば、職員の指示は軽んじられ、その大物の意のままとなり、刑務所というより、大物を中心とした小社会になるからです。

実際に、それほどの大物ではないので工場に配役されていた者が、工場内で派閥を作りそのボスになった時に、刑務所の幹部職員から作業帽のかぶり方が悪いと指摘され、本人は怒って反抗して懲罰事犯になりましたが、その際、派閥配下の受刑者ら数人が抗議の意を持って作業を拒否し、共に懲罰になったことがあります。

他にも、工場を巡回している幹部職員にかかっていくなど、ヤクザは、いざとなれば刑務所の規則など何とも思わず、暴力行為や自分たちの望む行為に走るのです。そういうこともあり、ヤクザの大物幹部は、単独室で「単独処遇」のまま満期で出所していくのが普通です。

当所は長期刑務所ゆえに、大物は来ません。なぜなら、彼らは長い刑を科されるようなことは自分ではせず、配下の組員が「自ら忖度《そんたく》して、自らの意思で実行する」からです。従って、何かの罪で服役することがあったとしても、刑期10年未満の短期刑務所での服役となるのが普通です。

そもそも、反社とは何なのか？

昨今のメディアでは、ヤクザという呼称ではなく、「暴力団」「暴力団組員」「反社」という語を用いるようにしているようですが、そもそも、これらの定義はどういうものなのでしょうか。

２００７年６月に政府が出した「企業が反社会的勢力による被害を防止するための指針」では、反社会的勢力（反社）は「暴力、威力と詐欺的手法を駆使して経済的利益を追求する集団又は個人」と定義し、暴力団、暴力団関係企業が該当します。

暴力団関係企業とは、１９９０年代にフロント企業と銘打たれた、暴力団の資本、指示、関係者によってビジネスをする企業のことで、近年はこれに、正式な組員ではない半グレの経営する企業も含まれるようになりました。

この他にも反社会的勢力として、株主総会で暗躍する総会屋、ヤクザ傘下の右翼（形は政治結社）、社会運動を標榜する団体（〇〇ゴロとも言いますが、ゴロは破落戸《ごろつき》のゴロです）、特殊知能暴力集団などがあります。

右翼は本来であれば、国のために活動する団体ですが、エセ同和など、己の利得のためにのみ活動する団体が増えました。特殊知能暴力集団にはさまざまな活動がありますが、企業のミスやスキャンダルをネタに金品を取ろうとすることも含まれています。

この他に、半グレという呼称もありますが、この定義は定かではなく（暴対法から逃れるために正式な盃を受けずにいる者など）、多くのケースがあり、極論すれば、正式な組員ではない「ろくでなし」の名称と言えるでしょう。

半グレとは別に、暴力団の経済活動に協力したり、資金を提供したりする「共生者」という名称もあり、警察はこのような人を「密接交際者」として、勧告や指導をするようになりました。

今もそうかもしれませんが、地域の有力者、富裕層にはヤクザのブレーン、スポンサーになるのが好きな人もいて、こういう人がヤクザを支援していましたが、最近は密接交際者とされ、警察から厳しい注意（罰則規定もあります）を受けるなどヤクザ離れが進んでいます。

では、どんなヤクザが工場での上位になるのかといえば、各組織内の序列、ヒエラルキーによるものというと、わかりやすくなります。まずは組長という肩書きを持つ者、それに続く若頭《わかがしら》（組のナンバーツーで後継者です）、若頭補佐（若頭候補、通常は複数います）、本部長、同補佐、事務局長、組長（会長・総長）秘書などなど、呼称は各組織でさまざまですが、この肩書きが属する組織の知名度、大きさで変化してきます。
たとえば同じ組長を名乗っていても、大組織の3次団体の組長と、小組織の直系組長では、大組織の3次団体の組長の方が序列は上となることが一般的です。この△次団体というのは、組織のトップを1次としたピラミッド型のヒエラルキーのことで、直系組長（直参）が2次、その組長の子分でありながら組長を名乗ることが許された者を3次、さらにその組長の子分でありながら組長となれば4次と、以下連綿と続き、5次、6次、7次となります。

能力があれば、3次、4次団体組長から直系組長に抜擢《ばってき》されるのがヤクザの世界です。能力の定義にもいろいろあり、資金力、抗争力（俗にいう「武闘派」のことです）、組織の大きさなどがありますが、金だけあって抗争力の弱い組は、他の強力組織から狙われやすいのが、この業界特有の伝統です。

この工場内での序列がすんなり決まればいいのですが、中には互いに張り合い、派閥を形成し抗争となることもあります。当所では、そのようなケースは稀ですが、短期刑務所では少なくありません。そのため刑務所によっては、第1工場は△△組、第2工場は××

会、第3工場は○○組の受刑者を多く配役して、対立しないようにする所もあります。

ここでのポイントは、異なる組のヤクザ同士が対抗・対立しないように、その勢力比に差を付けることです。ヤクザという種族は一般人に比べて力の差には敏感です。

それは、暴力の怖さを知っているからであり、こうしてやると工場の構造は安定するのです。工場のヤクザ同士互いに相手のポジションを知り、それぞれの立場に甘んじていることが平和につながりますが、中には表面上はお互いに立て合い、裏側では対抗ということも珍しくありません。

官としては、派閥構成があまりにあからさまであったり、その力を利用して他の受刑者に圧力を加えている「具体的事犯・反則行為」があったりしたならば、反則事犯として取り締まりますが、ひどくならない限りは、表面上、平穏であればいいというスタンスです。

この件で、私は過去に大きな勘違いをしていたことがありました。それは、そのヤクザの派閥なりグループが、正しいことをしていればいいのですが、誤ったことをしている、あるいは私及び私が親しくしている者に何らかの迷惑をかけているとなれば、看過せずに黒白《こくびゃく》をはっきりつけようと、事を荒立てることも意に介さずにいたのです。

そのような時、仮に私が正しければ、誤りを指摘して波風が立ったとしても仕方がないと考えていましたが、1度ならず2度以上、職員に「長いものに巻かれてくれ」と言われました。当時の私の気性では、おかしなヤクザがいればトラブルを起こしやすいので、自分みたいな者は工場での就役は難しいのだろうなと感じました。

また、工場を任された職員の立場を鑑みれば、この人も上司の手前、表面にはっきりと浮かび上がる反則事犯でない限りは波風立てず、平穏に工場が成り立っていけばいいんだな、と思い至ったのでした。私は自分の思慮の浅さ、自分対相手という枠組みでしか捉えていなかった未熟さを痛感したものです。

工場を任される職員の中には少数ながら、他の受刑者よりヤクザを尊重する、ヤクザの受刑者を好む人も見られます。当所にはいないものの、他の刑務所の職員には、俺は△△組の××を使ったことがある、また務めているヤクザの受刑者に対し、おまえの親分も使っていたなどという風を吹かすのが好きな人もいるのです。

私が直に知っている中にも、そういう人がいましたし、どこの刑務所に移送するか決める考査中のヤクザの受刑者を裸にして、その刺青《いれずみ》を30分間くらいかけて手元のノートに写している猛者もいました。

工場のヤクザのヒエラルキーで尊重される、もう一つの要素は、何をやって懲役になったかということです。最高は、組同士の抗争事件で対立組織の組員を殺してきた者です。かなり以前から、ヤクザといえども長期刑に行くのは出世、経済面からもベストではなくなっています。そんな時勢に長い務めをしに来るというので、工場内では一目も二目も置かれるわけです。私が長年見てきた経験からすると、刑務所内で最も性格的にバランスが取れていて人柄もいいというのが、この手合いでした。

今の時代、目先の欲得や損得ばかり計算している輩は長い懲役刑など寒くて（怖がるという意味です）やれません。

その点、肚をくくって、それをやるヤクザには、相対的にお人好し的な良さを持つ者が多く、振り返ってみても、この手のヤクザと私は対立しないどころか、親しく付き合うことが普通でした。向こうは、経済、政治、歴史、ビジネスなどを私から学びますが、私は人柄、人徳を大いに学ばされています。

ヤクザである以上、世間からは肯定されません。なので、そういうヤクザには１００％

堅気になって事業家を目指すべきと進言するものの、みんな、長い務めに来たことをサンクコスト（経済用語で埋没費用のことです）としているので「今さら、足は洗えませんよ」と笑って答えるばかりでした。

もちろん、その反対に、いくつになってもチンピラみたいなクズのヤクザの受刑者も少なくはありません。他の堅気の受刑者に圧力を加える、部屋では食べ物、菓子を奪うなど、社会でやっていることの延長で、人望もまったくない連中です。そういう者でも同じヤクザには別の顔を見せて「共存共栄」路線で暮らしています。

ヤクザ業界に起こった異変

「寄場」でも社会にいる時と同じく、堅気に対してはヤクザという威光を武器に圧倒的優位な立場で暮らしていますが、ここ10年ほどで変化が起きてきたことが感じられます。

それは、受刑者に元ヤクザという者が多くなってきたことです。その比率は確実に増えているのです。なぜ堅気になったかを尋ねると、少なくない者が、ヤクザじゃ喰えなくなりましたので、という趣旨の返答をし、続けて、１９９２年に施行された暴対法（通称「暴力団対策法」、正式名称は「暴力団員による不当な行為の防止等に関する法律」）など、一連のヤクザ対策の法律により、通常の社会生活が著しくやりづらくなったことを嘆くのでした。

ヤクザという立場となれば、銀行口座、証券会社の口座などは開けず、住居にしても買えないどころか、賃貸もできません。自分や家族名義では車を買うこともできず、ゴルフ場にも行けません。私が驚いたのは、本人は仕方ないとしても、奥さんの名義ですら断られるという現実でした。

ヤクザの受刑者の話では、そのため夫婦は戸籍上、離婚をして元の奥さんが部屋を借りて元の亭主が同居、その上、子がいれば児童扶養手当（母子家庭手当）もしっかりもらうのが定型のパターンとなった、とのことです。

自分の名前では正業さえできず、ある40代半ばのヤクザである受刑者は、不動産の賃貸を弟の名義でやってもらっていました。私が「暴対法など、表面上の取り締まりに過ぎないのでは？」と尋ねたところ、以前はそういう面もあったものの、ここ10年くらいの間に厳格化され、適用も厳しくなったそうです。

その結果として、組員たちは「シノギ」（金を稼ぐこと）がなくなり、収入が減ったことにより、あるヤクザの受刑者によれば「生活だけではなく、組への毎月の会費も払えなくなり、どこかに逃げたり、破門になったりする者が続出しています」とのことでした。また、上が食えなくなってきたので、下に対する会費の締めつけも厳しくなっています。会費というのは、上納金のことで、各組織内でポジションによって金額も数万円から数百万円まであります。これは△△組、◯◯会でも異なり、2000年代以降は上昇の途にあるそうです。組員だけではなく、幹部にしてもシノギが苦しくなる者が多く、組織としても相応の会費を集めるために、値上げするからでした。

暴力団対策法で一気に貧困化した

昨今のヤクザは、私が話した当所のヤクザ全員が口を揃《そろ》えて言うように、シノギが大変となり、業界の付き合いのみならず、生活も困難になってきています。50代後半の組長は「自分はシノギが下手なんで、若い奴らのおかげで何とかやっています」と話してくれましたが、大幹部クラスともなれば、もとから持っていた資産を株やFXで運用している（他人名義で）、不動産収入がある、などでやっていけるものの、それ以外のヤクザは、よほどの器量（能力）がなければ苦しいとのことでした。

苦しくなったそもそもの理由は、一連の暴対法などのヤクザを取締まる法律の施行にあります。近年では2011年に全国で施行された暴排条例（暴力団排除条例）で、ヤクザと関連を持つ企業、市民などに対し、密接交際者として監視や取り締まり、罰則の規定が設けられた他、ヤクザに対しては用心棒代、みかじめ料の徴収、不当要求などを行った場合、中止命令を出さずに（従来は、中止命令を出すことになっていました）、いきなり逮捕できるように改正されました。

他にも大きな理由として、組のトップにかかわる「使用者責任」追及の条項があります。これは、組員が組の威光を利用して不正行為をした場合、訴訟により損害賠償が請求できるというもので、2019年12月には、指定暴力団住吉会系の組員らによる特殊詐欺事件（「オレオレ詐欺」も含みます）で、3人の被害者がトップの関功会長と、福田晴瞭《はれあき》前会長に計7000万円の損害賠償を求めた裁判の控訴審判決で、東京高裁（岩井伸晃裁判長）が、一審の605万円の支払いを支持し、控訴を棄却しています。

これは、特殊詐欺事件（2018年の暴力団の資金源の45・3％がこの犯罪によるものです＝『読売新聞』２０２０年1月19日付）で暴対法上の使用者責任を認めた初めての高裁判断でした。
暴対法では、指定暴力団の組員が暴力団の威力を利用して資金を得た際には、代表者が賠償責任を負うと規定していましたが、これまで、特殊詐欺が暴力団の威圧を利用した「資金獲得行為」になるのかが争点でした。

同年5月から11月にかけて、水戸地裁と東京地裁で出された判決では判断が割れていたのです。岩井裁判長は判決で、直接、暴力団の威力を使う場合だけではなく、共犯者集めなど犯罪の実行過程で威力を利用した場合も暴対法の資金獲得行為に含まれるという判断を示しました（『産経新聞』２０１９年12月20日付）。

この使用者責任の規定は、過去にも、出した衣類の汚れが落ちていないというのでクリーニング店に対して恐喝しようとした組員に適用されたことがあるなど、組のトップに対する大きな圧力となり、効果を発揮している条項です。

この原稿を書き進めている時に、新入として移送されてきた元ヤクザの無期囚がいました。彼は山下さん（仮名）といって20代半ばの青年でしたが、罪名は強盗殺人で関東圏の拘置所から当所に送られてきました。

山下さんの犯行は、本人によると殺害する計画など微塵もなく、単に強盗をするだけというものでした。共犯者は4人で、山下さんともう1人が当時はヤクザ、残りは堅気という構成で犯行に及んだのです。

山下さんの分担は外での見張りですが、残りのメンバーは侵入するなり、いきなり相手に襲いかかり殺してしまいました。

山下さんは驚いたものの、ヤクザという見栄もあり、遺体を遺棄するのに手を貸しています。その後、メンバーの1人が己の罪、それによって死刑になるかもしれないと恐怖に駆られて自首し、事件は明るみに出ました。

ヤクザであったがゆえに、山下さんはなんと主犯にされ、無期懲役刑を科されていますが、自首して山下さんに殺人の罪を着せた男は懲役30年の刑となり、山下さんとは雲泥の差がついたのです。

世間の常識からすれば、30年の刑も無期刑も大した違いはないように感じるでしょうが、この差は途方もないことなのです（ちなみに山下さんは、当所に移送されてきた時、職員より「仮釈放まで最低でも35年はみとけ」と言われたそうです）。

どれだけ懲罰があっても時が経てば自動的に出所できる30年の刑はあくまで有期刑であり、懲罰がなくても出られるかどうかわからない無期刑とはまったく別の次元の刑とも言えます。その山下さんが強盗という犯罪に及んだのは、親分や兄貴分に金を持ってこいと言われていたからでした。

暴対法で懐が苦しくなっていた親分、兄貴分は度々山下さんに金を持ってこいと命じ、山下さんも自身のシノギが苦しく、うまくやれば1人800万円くらいにはなりそうだという強盗計画にあっさり乗ってしまったそうです。殺害するとは夢にも思ってなかったようで、拘置所では落ち込みっ放し。最近になって、やっと覚悟ができたとのことでした。

こうした法律によって、ヤクザは生活ができない、食えない状況に追い込まれ、組員は減少傾向にあります。

平成30年版『犯罪白書』では全国で指定暴力団（24団体）の2017年12月末時点の構成員及び準構成員の人数は3万4500人としていましたが、その1年後の2018年末時点では3万500人と、4000人も減っており14年連続の減少です。さらに2020年末時点では2万8200人と減少に歯止めがかかっていません。

ちなみに2008年12月末時点では8万2600人であり、ピーク時には約20万人とも言われていました。

暴対法は改正の度に、万力で締めあげるごとくヤクザの生存を脅かしてきました。前にも触れたように、銀行や証券会社の口座を作れない、事務所や住宅の確保にも大きな支障が出ている、フロント企業なども密接関係者として取り締まりの対象となる他、ゴルフ場でのプレーもできず、やれば詐欺罪（ゴルフ場を騙してプレーしたという名目です）になるのでは、一般的な生活も困難になることでしょう。昭和末期までの警察の取り締まりは表面的で、ヤクザの生きる余地は十二分にありましたが、現在はそうではなくなったということです。

ヤクザと警察の関係にも変化が

ヤクザと警察の関係と言えば、戦後の混乱期が一つの転換点でした。というのは、終戦直後から社会の混乱に伴う形で不良外国人が跳梁跋扈《ちょうりょうばっこ》し、取り締まりの警察まで襲うようになったため、警察は各地のヤクザや愚連隊（今の半グレのような人たちです）の手を借りて応戦、鎮静化を図ったのでした。時の経過と共に警察の力が強くなってくると、ヤクザは邪魔になり、取り締まりの対象となりました。

全国的には、1964年に「第一次頂上作戦」という名称で、警察庁が大号令を掛けて、一斉にヤクザの取り締まりをしています。1964年といえば、東京オリンピックのあった年ですが、この時に街の浄化作戦という名分で実施したのでした。以降何回か実施されたものの、ヤクザと警察の共存関係が築かれる原因にもなったのです。

つまり、持ちつ持たれつの関係が作られたのです。昭和末期から平成前期、少なくとも最初の暴対法が施行される前後までは、ヤクザと警察の暴力団係、通称「マル暴」は仲よしという面が少なくありませんでした。

目つきや外見だけを見れば、どちらがヤクザかわからないマル暴の刑事《デカ》は、定期的にヤクザの事務所に遊びに行くのも仕事だったのです。そこで、壁に掲げられてある組の名札《めいさつ》を見て、組員の数、幹部名や役職などの動向をチェックし、さらには他組織から送られてくるチラシ（葬儀・出所出迎え、襲名披露などなどの「義理」と称する各種行事の案内、招待など、組員の名前が一堂に載っている印刷物の総称です）を眺めて、各組の幹部名、人数などを把握するのがいつものことでした。

夜の巷での飲食費をつけ回したり、金品を受け取ったりすることも珍しくありませんでした。組事務所でも組長や幹部たちと親しく話をし、若い組員などは顎で使うような関係にありました。

その関係は取り締まりにも反映され、親しくなれば、その組がやっているゲーム屋、賭博場、違法風俗店などにいつガサ入れ（捜査のことです）があるか、教えるのです。また、傷害、暴行、恐喝など、大きな被害、被害者の出ていない事件は「握って」くれます。握るとは、「もう、やるなよ」と、取り締まらないことです。

その代わり、しっかり「お付き合い」もさせます。それは、警察が年に何回か行う、麻薬（主に覚醒剤）や銃器の取り締まり強化月間に「協力」することでした。協力とはブツを出すことで、覚醒剤や銃器を摘発させてあげます。

特に銃器は警察内での摘発への評価が高く、マル暴刑事の目の色が変わるものでした。

その交渉はこんな具合です。

「チャカ（拳銃のことです）の月間が始まったんだけど、二、三挺《ちょう》、出せねぇかなあ」

「なにが二、三挺だよ。一挺だけでも恩の字の癖して、よく言うよ」

「へへへ、バレたか。ま、いいか。親方、頼む、一挺！」

「ないよ、そんなもん」

「またあ、ないわけないだろ。売るほど持っているって話がバンバン入ってんのに」

「誰がそんなこと言ってんのさ」

「へへへ。みんなだよ、みんな。頼むって。こないだ、傷害握ってやったじゃないか」

「しょうがない、どっかから調達してくるか、一挺だけだよ」

「毎度ぉ。やっぱ困った時の親方頼みだな」

「調子いいなあ、まったく。だけど〝クビなし〟だよ、ブツだけ」

「クビなしかあ……クビも付いてっと（評価が）でけえんだけどな。ま、いっか」

と、こんな具合に駅のどこそこのロッカーに一挺を入れておくのです。何日かすると、持ち主不明、おそらく暴力団のものと思われる拳銃押収、と新聞に載ることになります。

クビなしとは、拳銃のみの提供で、容疑者は出さないという意味です。クビを付けると、当時の銃刀法でも若い衆（組員）は3年前後の懲役刑（今は、その何倍にもなっています）に行くことになるので、警察もそこまでは要求しないのがあたりまえでした。

覚醒剤、銃器についての入手先は、「言えない」か「△△から譲り受けた」として、その△△は既に死亡している組関係者というのが「お約束」になっていました。そのため、誰か組関係者が死亡した時には、譲り受けた相手がその人物であるという供述が激増するという笑い話もあるのです。

このような警察とヤクザの関係は特殊なものではありません。もっと「なあなあ」の関係も山ほどあります。マル暴刑事というのは、ヤクザと同じかそれ以上にヤクザ気質の種族で、立場を超えて気の合う面があるのです。

さらに当時は、抗争事件で「活躍（対立組織の組員を射殺、あるいは事務所への発砲などです）」した組員の逮捕はマル暴刑事とヤクザの「出来レース」で、事件後には殊勲の組員に小遣いを渡して数日間遊ばせます。遊ばせるとは、主に酒、ご馳走、女です。長い懲役刑になるので、その前にたっぷりと堪能させてやるという業界の慣例でもあります。期間は大体3日間から1週間で、△月△日の△時に◯◯署に出頭させますからと打ち合わせをして、その日にきっちり出頭、逮捕、または町のどこかで待ち合わせをし、マル暴刑事が発見して緊急逮捕をしたという記事になるわけです。

出頭、逮捕させる人数も互いの話し合いで決めていましたが、これもどこでもやっているることでした。そして逮捕後は署内の取調室や留置所で、しっかりと「面倒見」をしてやるのです。面倒見とは、食物、煙草の自由と雑談で羽を伸ばすことでした。

どこまでも警察とヤクザは共存共栄、立場は違えど仲よしが普通で、このような付き合いの一切を拒む組もありましたが、そうなると風当たりは相当にきつく、些細《ささい》な犯罪でもビシビシ取り締まり、逮捕の対象となります。

その関係が変わった端緒が、暴対法の施行でした。この法律によって、ヤクザはマル暴刑事の事務所への気楽な立ち入りや付き合いを拒むようになり、貴重な情報が得られなくなると共に出頭や自首がなくなり、犯罪やヤクザの行動が地下に潜るようになってしまったのです。

この他にも、ヤクザが警察への出頭や自首を拒否するようになった理由には2007年に銃刀法が改正され、罰則が一気に厳しくなったことがあります。改正では、「組織的・不正権益目的発射罪」が設けられ、無期刑又は5年以上の懲役刑に加えて3000万円以下の罰金も併科できることになり、従前の1人射殺で15年前後の懲役刑とは雲泥の差で、組のために体をかけようというヤクザは激減し、実行しても自首しなくなったのです。法律の施行はヤクザだけではなくマル暴刑事にも不評でしたが、時の経過に伴い定着しました。さらに規制の枠が広がることで、暴力団の資金源が少なくなり、経済上の理由を主とする組員の離脱につながってきたのです。この暴対法の制定の背景には、ヤクザの著しい暴力団化という面があったことも否定できません。

「町のコンシェルジュ」は廃れた

その昔、とは言っても昭和30年代から40年代にかけて、町の映画館ではヤクザ映画が活況を呈していました。『昭和残俠伝』『日本俠客伝』『博奕打ち』など、今は亡き高倉健、鶴田浩二、若山富三郎、菅原文太、松方弘樹など錚々《そうそう》たる銀幕スターが、体に刺青のメイクを施して主に着流し姿でスクリーンの中で義理に生き、俠客道を歩み、忍びに忍んだ末に暴れまくるというのが、観客に人気のシナリオでした。

ここに登場するのは暴力団員ではなく、仁俠に生きる漢《おとこ》たちの姿です。今ではすっかり死語となってしまった仁俠、俠客という言葉ですが、水滸伝《すいこでん》同様に意味するところは、「強きを挫《くじ》き、弱気を助ける」という正義の道でした。

堅気には迷惑をかけず、お天道さまの下、道を歩く時は端っこを歩き、己の利得など一顧だにせず、自己犠牲をものともしない、ひたすら清廉な生き方を標榜したのが、仁俠であり仁俠道だったのです。

この頃まで、ヤクザは町の顔役も兼ねていました。市町村議会の議員を裸にしてみれば、刺青の入った人が少なからずいて、それぞれその地域の名士でもありました。このような人たちは、地域の人々から信頼を受け、一種の万《よろず》相談所、仲裁所の役目も果たしていたのです。

町内、家庭の揉め事などに割って入って丸く治め、謝礼など受け取らないか受け取ってもわずかで、人々の共感、支持も得ていました。

それが時代の流れと共に変貌し、金銭の利得に貪欲になり、堅気も泣かす暴力団へと変貌していったのです。市民からの支持を得るどころか、怖がられ、嫌われるようにもなり、警察の手を煩わせることが多くなったことが、暴対法の制定につながっています。

強きを挫くどころか、喰うのは堅気の市民、企業と、社会のダニのように成り下がったのです。ヤクザは社会で必要悪と言われていましたが、それは行政や法律では時間、手間、金のかかるトラブルを、早く、うまく、安く解決することができたからでした。

しかし時代を経ると共に、そうした依頼人にしつこく付きまとったり、喰いものにしたりすることが常道のようになり、現在にまで至っています。

余談ですが、私が社会にいた頃、「啓発」の一貫として若い者にヤクザ映画を見せていたことがありました。私の好みは昔ながらの仁侠もので、義理や大義のために毛ほども己を顧みない潔さ、自己犠牲の精神こそ尊いものと疑いもしなかったのですが、若い者にぶっちぎりの人気だったのが、ヤクザ映画の金字塔ともいえる『仁義なき戦い』シリーズでした。作品としては抜群に面白いものの、あまりの生々しさに複雑な心境になったものです。

ヤクザの世界は超格差社会

暴対法の厳格化で食えないヤクザが急増していますが、逆に大幹部の中には、堅気のブレーンを巧妙に使って莫大な利益をあげている人も少なくありません。昭和50（1975）

年前後、既にヤクザの「平均」年収は１０００万円を超えるとされていました。

しかしこのデータ、１０００万円は妥当としても、平均とは言えないものでした。というのは、大幹部はとんでもない高収入であるものの、末端の組員はおろか、そこそこの組員ですら、年収で１００万円もないという状況下での平均年収１０００万円なのです。

時代背景を見ると、大卒初任給が10万円を超えたのが１９７７年でした。仮に、当時のヤクザの年間収入の最頻値《さいひん》を採ったとすれば、１００万円前後だったはずです。

なぜならば、この頃から今に至るまでヤクザには女性を喰い物にしている輩が多いからであり、その場合は年収はゼロ、それが珍しくないのが業界の特徴になっています。当所のヤクザにも、風俗などソープランドを筆頭に彼女を働かせている、「沈めた」という手合いが普通にいて、温泉町の置き屋（売春専門の店のことです）に前借金２００万、３００万円で売り飛ばした話など、ごまんとあります。

金を手にしたヤクザは女性を働かせ、さらに新しい女性を作っては売り飛ばすのが常道です。前借金の額はその女性の容姿、年齢、経験で決まりますが、私が直に聞いた最高額は５００万円でした。

売られた女性は、せっせと身を売って前借金を返すものの、残金が減ればヤクザが再び契約し直し、ずっと働かねばなりません。

中には前借金詐欺専門のカップルもいて、数日働き、店の人が安心すると「飛んで」（逃げることです）しまいます。それを繰り返しますが、昨今はネットの発達もあり、注意人物として各地でマークされているそうです。それにしても、男として情けない生き方です。

他にもキャバクラ、クラブなどの飲食店で働かせるのは常識になっています。しかし、それらは甲斐性のないチンピラ（年を取っていても）のやる所業です。

能力のあるヤクザの稼ぎは、一般人の高収入など問題にしません。この件が最も大きく社会で注目を浴びたのは、昭和60年代から平成のバブル期でしょう。この頃「東のI、西のT」という言葉がありました。

両名は経済ヤクザとして有名で、数千億円単位の資金を動かして仕手株を操るなど、ヤクザの域を超越した人でした。物腰も風貌も柔らかく、どこから見ても紳士然としてヤクザには見えませんでした。この人たちが動かしたフローのマネーは、ヤクザの歴史の上で業界ナンバーワンとされています。

そんな彼らの年収は数百億円単位であり、組員とは比較になりません。ちなみに『読売新聞』（2020年1月22日付）の記事では、昨今、大きな格差と呼ばれている、アメリカの企業経営者と従業員の年間所得の比は287倍とされていますが、ヤクザ業界では桁が2つ違うものになります。

さらに、これも最近受刑者のヤクザから聞きましたが、そのヤクザの親分はローカル都市では経済力のあるヤクザとして有名でしたが、そのストック（資産）は100億円に満たないものであり、組の本部に行けば、直参クラスの組長の多くが何百億円というレベルのストックを持っているので、肩身の狭い思いをしたと嘆いていたとのことでした。

それだけヤクザという業界は稼ぎに天と地の差があり、成り上がるにはそれなりの能力、努力が必要なのです。ヤクザで成功する人は一般社会・企業においても成功できますが、逆に一般社会・企業の成功者がヤクザで成功するかとなれば、必要な素養が違うので難しくなります。もともと怠け者が多いヤクザでは、今の暴対法下では満足なシノギもなく、お祭りの名物だった露天商（香具師《やし》・テキヤのこと。各地の祭りを歩く）まで禁じられたり、堅気との付き合いもできなかったりでは、足を洗う者が増えているのも宜なる哉というところです。

そのため、以前はあり得なかった特殊詐欺がシノギの中心のようにもなってきました。ヤクザ業界は表向きは覚醒剤の密売、使用を厳に戒めてはいますが、本当のところは発覚さえしなければ黙認状態でした。

どの時代においてもヤクザは強盗、窃盗、詐欺、性犯罪は恥とされ、御法度だったのです。

この御法度は形式ではなく、本当に厳禁だったのです。それが暴対法と警察の締めつけにより何でもありとなって、詐欺がシノギのメインストリームになったのでした。

ヤクザのシノギが強盗や詐欺というのは、昔ならとんでもない恥さらしでした。他にもメディアでも注目されていましたが、タピオカドリンクの営業をはじめ、国内ではGPSと船を使った洋上の瀬取り（密輸。品目は覚醒剤、コカイン、ヘロイン、銃器など）、国際的にはアメリカの国債の偽造とマネーロンダリング、密漁など、規模が大きくなってきましたが、並のヤクザではできません。

こういった現状を目のあたりにして、足を洗うことに決めたヤクザは少なくありませんが、塀の中でも、組織からの離脱指導をしています。

ヤクザに対する離脱指導

「暴力団離脱指導」と称していますが、初めに加入の動機と自己の問題点を振り返り、金銭感覚を是正、家族や周囲に及ぼした影響、暴力団の現状と反社会的性質の認識、暴対法の講義、加入していれば今後も犯罪に関わってしまう可能性が高いことを気付かせます。

その後は、具体的な自己の問題点の改善、離脱の具体的な方法、釈放後の就職、離脱決意と出所後の生活設計を立てるという順序で、1単元50分間を9単元、おおよそ2カ月から4カ月かけて実施します。

具体的には、討議、課題作文、面接、講義によって実施されます。もっとも離脱とはいっても、仮釈放をもらうための偽装離脱であって、刑務所内では現役のヤクザを名乗っている者も少なくありません。

ヤクザにもいろいろいて、初めから仮釈放など不要と満期出所願（有期刑の場合です）を出す者もいますし、反対に自分の親分が1日も早く出所して来いと言ったので、仮釈放目的のために偽装離脱するという者もいます。

また本当に足を洗う際には、昔は指を詰める（断指することです。「エンコを飛ばす」とも称します）のが常道でしたが、近年は金銭を親分に払うのが主流で、指を詰めることは少なくなってきているそうです。それでも、指を詰めさせるのが好きな親分や、自ら詰めるのが好きな者（本当にこういう人がいて、両手とも親指と人差し指しかないという人もいます）もいるとのことでした。

こうして堅気になった人には、真面目に働く人がいる一方、堅気ではあるものの生計は以前と変わらず不法行為による者もいるとさまざまですが、近年は生活保護を受け取るのが一般的となってきました。

暴対法の締めつけによって組員が減り、シノギができなくなって、幹部でさえ生活に不安を抱える食えない時代になってきています。ヤクザであればシノギも満足にできなくなり、このような状況下で半ば必然として登場したのが半グレです。

半グレの登場は時代の必然

半グレとは、広義ではヤクザでも堅気でもない、半ばヤクザに近い不良を指し、狭義では自ら反社会的活動をすると標榜している連中を指します。実際には半グレの定義は雑多ですが、本書では刑務所内で喧伝されているものということで話を進めます。

従来、ヤクザのようなライフスタイル、風貌を好み、行動も似たようなものなのにヤクザにはならないという種族がいました。その理由は、「自由を束縛されたくない」というのが大半でした（ヤクザというのはみなさんが想像するよりずっと自由がありません）。他には組の方から「あいつは無理だ、使えない」と盃をもらえないケースもあります。

このような中途半端な手合いは、堅気に対してはヤクザだと名乗り、ヤクザのように振る舞い、警察とヤクザに対しては堅気のように振る舞い、裁判の場においても善良な市民のような言動で通す、卑劣な人間です。「寄場」である刑務所でも同様でした。

受刑者らの話を総合すると、刑務所に来る半グレには2通りあって、一つはヤクザが自分たちの都合で堅気として使う者として、あるいはヤクザがバックにいる、またはヤクザの企業舎弟もしくは個人的な舎弟として、ほぼ準構成員に近く、何か事が起これば即座に組の名前を出す一群。もう一つはヤクザとは関係がなく反社会的行動を取っている一群で、後者はさらに団体、団体と個人、個人の緩いつながりに分かれるそうです。

刑務所内での務め方は、ヤクザの威光を背景にヤクザに近い言動をする者と、通常の受刑者同様に堅気のように務める者に分けられます。ただ、半グレは刑務所の分類上、ヤクザではないので、初犯受刑者はヤクザの移送されるB級ではなく、堅気の送られるA級の初犯刑務所に送られるため、そこで堅気の同囚を相手に粋がる連中が多いとのことでした。この原稿を書き始めた頃、服役2回目の40代後半の受刑者と話をする機会があったのですが、彼は初めての服役でA級刑務所に送られた際、同室の若い20代の受刑者に何人か半グレがいて、いじめのような目に遭いましたと嘆息していました。

正式にヤクザではない限り、よほど態度が悪くなければ、初犯はA級刑務所なので、このようなことが起こります。半グレは、暴対法を潜り抜けるには便利な身分なので、ヤクザをバックにしている連中は、ヤクザの代わりに不法行為をすることが多いのです。

また、ヤクザと関係のない一群も、不法行為では協力することが少なくありません。やっていること、そのライフスタイルはヤクザ同様ですが、暴対法上では堅気と同じ扱いで、罰則も重くなりません。

このあたり、納得できない人も多くいることでしょうが、現行の法律の元では致し方なきところです。これによってシノギでも多方面に進出でき、当人らの熱心な学習により、近年はＪＴ関連の未公開株詐欺、芸能プロダクション経営を土台とした高級売春、未成年への麻薬密売など、初期資本が少なく利益率の高い違法ビジネスで暗躍するようになっています。２０２０年にはコロナ禍対策の給付金詐欺が、この業界でブームとなりました。結果として、近年、ヤクザでも憚られるような悪行を、半グレが平然とやっては服役するようになってきました。

半グレにも賢いのがいて、自分は半グレですなど曖気《おくび》にも出さず、しっかり不法行為に手を染め、捕まった際にはしおらしく堅気のように振る舞うという者がいますが、裁判官・裁判員は見抜けないようです。

この半グレの出自は？　となれば、ヤクザと同じく不良少年（同少女）、非行少年（同少女）です。

近年の少年犯罪と反省の関係

近年、少年犯罪は統計上では1985年頃から減少傾向にあり、平成30年版『犯罪白書』によれば2017年の少年の刑法犯の検挙人員は3万5108人(前年比12・5%減)でした。刑法犯や危険運転致死傷及び過失運転致死傷等を除いた、少年(少女)の検挙人員の罪名別構成比(2017年)では、統計を取った総数5041人のうち、軽犯罪法35・1%、迷惑防止条例14・6%、児童買春・児童ポルノ禁止法14・1%、青少年保護育成条例10・0%、大麻取締法5・8%、銃刀法3・9%、覚醒剤取締法1・8%、その他14・7%となっています。

覚醒剤取締法では91人(前年比43人減)と減っていますが、大麻取締法では292人(86人増)と増加していました。

大麻はSNSを通じて蔓延し、密売人からも容易に買えるようになっています。目立つ点としては、不良ではない普通の子が手を出していることで、60%は1グラム5000円以下で買っていました(『産経新聞』2019年12月12日付)。

少年事件で世間を騒がせているのは、検察官への「逆送事件」ですが、2017年には17人が逆送され、うち9人が刑事処分相当とされています。9人の事件の内訳は殺人が2人、傷害致死、危険運転致死がそれぞれ3人、強盗致死が1人でした。

少年（少女）犯罪では、少年院に送られるのが一般的ですが、2017年には2147人（男子1999人、女子148人）が送致されています。ここ20年間では、ピークは2000年の6052人でしたから、約3分の1強に減ったわけです。

少年院は全国に51カ所あり、その少年（少女）の事情によって送致される少年院が次のように分けられています。

① 第1種　保護処分の執行を受ける者であって、心身に著しい障害のないおおむね12歳以上23歳未満のもの（②に定める者を除く。）

② 第2種　保護処分の執行を受ける者であって、心身に著しい障害のない犯罪傾向の進んだおおむね16歳以上23歳未満のもの

③ 第3種　保護処分の執行を受ける者であって、心身に著しい障害があるおおむね12歳以上26歳未満のもの

④　第4種　少年院において刑の執行を受ける者

送致の分類は、年齢や心身の状況によって、家庭裁判所が決め、少年院では各人に合わせた個別処遇計画を作りますが、刑務所と違って作業はなく、各種学習（学校の教科と同じものも加えられています）や教化教育がメインです。

基本的学力が欠如している

少年院での教化教育では、そもそも教育以前になんとかしなければならない問題があります。ベストセラーとなった宮口幸治著『ケーキの切れない非行少年たち』（新潮新書）でも指摘していましたが、知的能力の低さです。このことは、私も当所に来て受刑者たちと接して痛感していますが、物事を論理的に捉えられないことはもちろんのこと、簡単な漢字の読み書き、九九、数の計算などの基本的な学力がありません。

抽象的思考力もなく、物事について深く思考できないこともあり、同じ犯罪において同じ失敗を繰り返し、塀の中に予定調和的に戻ってきてしまいます。

少年少女らには、見たり聞いたり想像したりする認知機能（記憶力、注意力、判断、推論を含む知的機能）の弱さ、自己の感情コントロールができずにすぐキレる感情統制の弱さ、融通のきかなさ、不適切な自己評価（過大・過小評価）、対人スキルの乏しさ、などの傾向が見られるとされていますが、これはそのまま受刑者たちにも通じるものでした。

また、一部には本来のＩＱは低くなくても、計画を実行することができない「遂行機能障害」とされる少年もいるとのことでしたが、再犯受刑者たちを調べてみれば、このような人も少なくはないはずです。

他にも「注意欠陥多動性障害（ＡＤＨＤ）」も多いと指摘していましたが、これは当所でも多く見られますし、近くの単独室にそういう人がいれば、絶えずガタンゴトンと生活音が続くこともあって、すぐにわかります。その数は、「こんなにいるのか」というくらいです。

このような状況なので、正しい教育を通じて倫理観を教えることも容易というわけにはいきません。少年時代からこうなのですから、途中でかなりの教化教育をしなければ、「正しい行為」とは何かを理解するのは難しいことが推測されます。

見方を変えれば、このような一種の障害を持った人の犯罪における責任能力は、現在は通常の人と等しく問われているものの、厳密に法の趣旨を解釈すれば、精神障害者と同様に、処罰は不可となるでしょう。

このような少年たちに教化教育を施す職員は法務教官といって、心理学、社会学、教育学、青少年問題の4科目の専門試験を通った人で、教育免許を持つ人がほとんどとなっています。少年院での日課は勉強と、過去の自分の行為についての反省と今後の目標を考えることです。

当所には、「年少（少年院）あがり」の「エリート」がごろごろいて、互いに少年院時代の話をすることがありますが、「年少では、いかに教官の指導に従順に従っているかが、楽に生活するポイントで、反省なんか真剣に考えたこともなかった」という声が大半でした。

こういう連中だから非行少年から足を洗えず、非行青年、非行中年、やがて非行老人へとステップアップするわけです。他に少年院の思い出として多いのは、

「筋トレなどの運動をさんざんやらされた」

「同僚の中にヤクザや刺青を入れている者がいて、それでヤクザの世界に入った」

「刺青を入れた地元の不良の先輩がいて派閥を作って対立する相手と反目し合っていた」などですが、それ以上に際立っていたのが院内のいじめについてでした。

「年少のいじめは、ここ（刑務所）なんか問題じゃないくらい凄いですよ。なんたって10代のガキ共の世界ですから歯止めがききません」と、不良の道をひた走り、ヤクザになった受刑者が教えてくれました。この話をしていた時、他の「年少経験者」も一斉に「そうだよねえ！」と同意していたのが印象的でした。

他者への共感性がなく、自分の価値観が絶対

彼らの小さい頃からの話を聞いていると、小学生の頃から非行のために教護院に入れられたという者がざらにいるのです。万引きなどの窃盗をする、親の財布から金を抜き取る、小動物を虐待する、嘘をつく（この点は大人になっても続いています）という小さい頃の特徴が、彼らに共通していました。

また、このような受刑者にもう一点共通していたのが、他者への共感性がなく、自分の思考、価値観が絶対唯一という態度、思考で、自己の言動について客観的に見る、考える、

反省するということはありません。

常に嘘をつくものの、記憶力が悪いのか、言う度に違うことを口にして、その点を指摘されても、そんなことは言っていませんと頑なに認めようとしないのです。いやあ、こいつ、本当にとんでもない嘘つきだ、と感心してしまうほどでした。

その癖、このような矯正施設の職員に取り入ることには長けていて、表面上は「いい奴」に思われています。深く付き合えば馬脚を現しますが、それほど深く付き合わないのが職員と受刑者の関係なのでバレません。

また受刑者は、対職員となると「善人」となって応対する者が過半なので、本当の人柄や、肚の中を知るのは難しいのです。私が職員になったとしても、受刑者の表面的な態度からは悪人を感じないでしょう。

ちなみに平成30年版『犯罪白書』によれば、少年院経験者の再非行・再犯を重ねる「再非行少年率（少年の刑法犯検挙人員に占める再非行少年の人員の比率）」は2017年で35・5％でした。約3人に1人ですが、この比率がそのまま成人して犯罪者になるわけではなりません。本人の成熟や社会人となって働くことなど、諸般の事情が作用して、「更生」する人も多いのです。

その中で、まったく更生、改心が見られなかったとして世間を騒がせたのが、東京・足立区綾瀬での「女子高生コンクリート詰め殺人事件」（1988年11月〜1989年1月）であり、1997年に起きた神戸の「酒鬼薔薇聖斗《さかきばらせいと》事件」でした。

前者は拉致してきた女子高生を少年たちが長期間（41日間）にわたって監禁し、集団で強姦、暴行を繰り返し、満足な食事も与えず、衰弱と暴行の傷害により殺した後、ドラム缶に入れ、コンクリートを詰めて遺棄したというヤクザ顔負けの凶悪犯罪です。

犯人の少年たちは服役しましたが、準主犯の少年は成人して出所してからも、監禁致傷を起こし服役を重ねることになりました。この事件を知り、毫《ごう》も反省、悔悟している様子が窺えず、気の毒にと感じました。気の毒というのは、人としての心を持てないことに対する私の思いで、この犯人は獣の心を持ったままで生きていくのだな、という意味です。

他方、「酒鬼薔薇聖斗事件」の方は、神戸で小学生男児の首を切断して学校の門の上に置くなど、社会を震撼させましたが、犯人の少年A（当時14歳）は医療少年院に数年収容され、教化教育をしっかり受けたと言われる中で出院し、被害者遺族の心情を逆撫でした著書まで出版し、まったく反省の欠片もないブログを始めるなど、医療少年院での「治療」が何にもなっていないことを、世間に暴露することになってしまいました。

この時、各メディアには、少年Aが医療少年院で気に入っていたという女性カウンセラーの談話が流れ、この女性がすっかり騙されていたことで、少年法の存在に疑問を投げかけました。

何か世間を瞠目《どうもく》させる少年（少女）犯罪が起こると、メディアでは、少年法を厳罰化せよ、いや少年ゆえに可遡性があるのだから、その可能性を信じて緩和せよ、と議論が起こります。この議論は以前から不毛で、ワイドショーでやるのが関の山と考えていますが、それは次の理由からでした。

少年犯罪・非行といっても、万引き、窃盗、暴力事犯、殺人といろいろあり、その犯罪傾向の度合い、悪質さが千差万別です。

少年時代に人を殺したにもかかわらず、少年法のおかげで社会復帰し、成人後に弁護士になった人が、事件の被害者の遺族に謝罪をもせず、その必要もないと言っているケースがありました（奥野修司著『心にナイフをしのばせて』文春文庫）。

たしかに少年法の中では、この人の犯罪の処罰が終わっていますが、それで己のやった醜行《しゅうこう》が消えたわけではありません。もし改心した人であれば、遺族に慰謝の心を示すでしょう。それがなくても通るという少年法の在り方には大いに疑念を感じます。

厳罰への曲解を現実から考える

少年法や、非行に走った少年（少女）を擁護する人たちは、厳罰は本人の社会復帰の大きな妨げとなって、かえって更生を阻むと主張するのが常ですが、誤りでしかありません。この件については、ＬＢ級刑務所という長期刑務所に服役した経験から明言できます。

なぜならば、真剣に更生を考えている者にとって、刑が10年だろうと15年だろうと大した差がないからです。仮に社会に出た年齢が50歳、60歳以上と高齢で、求人募集の条件の年齢を上回っていたとしても、それで就職がうまくいかずに更生できないというのならば、もともと更生なんぞできっこありません。その程度の薄弱な意志、他のことや社会のせいにする他罰思考の持ち主では、更生できないのです。

この点、少年であれば、量刑が5年や10年変わろうとも20代半ばから30代半ばの違いで、本人のやる気、労働意欲と更生への強い意志があれば問題にはなりません。

そしてもう一点は、自己の犯罪・非行について反省できる人は限られているということです。決して「誰もが変われる」わけではありません。変われる人には、その因子があるのです。

これを表すエピソードは、私たちが月に2回聴かされる放送の中にありました。この放送では、少年刑務所や少年院にいる少年少女の反省の手記や、犯罪に遭った被害者の手記を聴かされるのですが、改心して更生を誓った若い少年少女たちの手記には、100％家族の姿が更生を期するきっかけとなったとあるのです。

社会にいる時は反抗していたのに、自分が施設に入ると、その家族が手紙や面会を欠かさず、それを見ると自分はとんでもない勘違いをしていた、この家族のためにも真面目になろう、もう悪いことをするのはやめようという気持ちになると綴ってありました。

私はいつも、聴取後の感想文に「この若さで親の恩が本当にわかるのだろうか」と書きますが、このような共感力、反省する心のある人が更生できるはずです。そんなことは考えられず、絶えず自分のことしか頭にない人は犯罪人生を歩くことになり、刑の重さは関係ありません。

少年（少女）といえども犯罪傾向の著しく進んだ者はいます。その残虐性、非人間性はよく見れば、わかるケースは多いはずです。

再犯受刑者の多くは無反省であり、それが少年期から続いていることを考慮すれば、まだまだ少年法と少年院での処遇には改善余地があります。罰か治療かではなく、両方が必要だと知って下さい。

それと、少年法による少年への寛大な処遇、刑罰をと訴える識者、専門家らの主張や、その主張を綴った書では、必ずと言っていいほど被害者・遺族への視点は毛ほどもありません。

この点は死刑廃止派の主張と通底していますが、少年（少女）犯罪といえども、そのために心と体に傷を負った被害者や人生を断ち切られた被害者、家族を喪った遺族がいて、多大な苦痛、怒り、悲しみの中で生きています。

しかし、少年への寛大な処遇を唱える人たちの念頭には、そのような人たちのことはなく、少年（少女）の未来のことばかりです。

被害者や遺族のことばかりに重点を置けば、過失致死でも死刑となりかねないものの、寸毫も考慮しない処遇というのは、社会正義を維持する上でも誤りでしかありません。前述したように本人が真摯に反省して更生を期すれば、厳罰にしたとしても社会で正常に生活できるのです。

5年の刑ならなんとか更生できて、10年の刑だとできない、社会に受け入れられない、やっていけない、ということはありません。まして10代、20代の若い時ですから、本人の自覚や、努力しよう、更生しようという心構えがあればやっていけるのです。40代、50代の受刑者でもなんとかやっていけるのですから、できない理由などありません。

単に処遇するだけではなく矯正教育にも力を入れる、それを前提とした厳罰化で、社会正義、被害者・遺族の心情とも均衡を取るべきです。また、いくら教育をしても矯正できない少年（少女）がいることも認めなくてはなりません。

「人は必ず変われる」というのは美しい理念でありますが、とっくに破綻《はたん》しているのです。LB級刑務所にいる私は、その実例を嫌というほど見ているので、このように述べることができます。

人間に対する美しき理想、理念と、現実の犯罪に走った人への処遇は、別の次元で考えなければならないというのが結論です。

第5章
罪と罰

刑務所内での受刑者の待遇は苛酷にすべき

私たちに科された懲役刑は別名「自由刑」と称されます。それは受刑者の自由を奪う刑罰だからです。日本の自由刑のルーツは、みなさんもよく知っているであろう『鬼平犯科帳』の火付盗賊改方《ひつけとうぞくあらためかた》、長谷川平蔵（「鬼平」です）が、寛政2（1790）年に「石川島人足寄場」を隅田川河口に設けたこととされています。

時の社会事情は「天明の大飢饉《ききん》」（1782〜1788年）があり、食えない人々が盗みなど犯罪に走るようになり、人別帳《にんべつ》（今の戸籍に近いものです）のない無宿人が江戸に増え、犯罪件数も増加の一途にありました。そこで鬼平が幕府に申し出て、更生と職業訓練のための施設を設けたわけです。

石川島には刺青や敲《たたき》（むち打ち）を科された軽犯罪の者と無宿人が収容され、そこで職業訓練と就労を通じて更生を図りました。この就労では、仕事の売り上げの8割を収容者たちに与え、貯蓄もさせて社会復帰につなげ、犯罪を減らしています。明治維新後は、新しい監獄則（のちに定められた「監獄法」の前身）により、「集治監《しゅうじかん》」と改められた施設において、刑が執行されるようになりました。監獄と改称されるのは明治36（１９０３）年のことです。

名高いのは何といっても、厳寒の原生林だった北海道の集治監での服役です。明治14（１８８１）年に樺戸《かばと》、明治15（１８８２）年に空知《そらち》、明治18（１８８５）年に釧路、明治20年代に網走、帯広に作られ、毎年４０００人から７０００人の政治犯が送られ、道路工事、炭鉱、鉱山などで使われました。

囚人は足枷《あしかせ》を付け、重い鎖を引きずりながら働いていましたが、満足な防寒衣もなく、酷寒の中で倒れていったのです。凍傷で手足、耳まで壊疽《えそ》し、切断された者が全体の１割以上、獄内には火の気がなく、２割の囚人が寒さのために凍死しています。

さらに囚人の命は軽視され、苦役に耐えられずに死んでも気にするな、それで減ったなら国の支出も減るし、やむを得ないなどの通達が出されていたのです。当時の囚人には同じ職種の民間人の約半額の賃金が支給されていました。食事は白米４分、麦飯６分（現在は白米７分、麦飯３分です）で、副菜は少量の味噌《みそ》、わかめ、たくあんに白湯だけでした。夕食には時々、魚や煮物が出ますが、とても重労働を支えられるような内容ではありませんでした。このように「使い捨て」でしたが、現在のＬＢ級及びＢ級の受刑者たちも同じようにすべきだ、と感じること頻りです。それくらい、今の刑務所は再犯を重ねる受刑者たちにとっては楽な所、娯楽施設のようになりました。1章でも触れましたが、毎日テレビが観られ、休日も午前中は、ほぼ映画のビデオが流されます。

本来、自由を奪うという自由刑ですが、自分の第2の故郷（人によっては第1の故郷）と考えている刑務所は、あるベテラン受刑者に言わせると、「自由ではなくても不自由ではない」となるわけです。それでは、罰になりません。私が服役してから強く感じたことは、再犯受刑者たちの多くに通底する「自由の軽さ、自由という価値の低さ」でした。彼らは腹の奥底から自由を求める、自由を謳歌《おうか》するというパッションを持っていません。

そのため、また塀の中となっても、あっさりあたかも自分が家畜のような束縛を受ける存在でいい、となってしまうのです。そのような事情なので、欧米のように喉から手が出るほど自由が欲しいというのならば、自由刑は罰になるでしょうが、出所してもまた戻ってくることが予定に組まれている再犯受刑者にとっては、刑務所の暮らしは苦でも罰でもないのです。

逆に言えば、社会でしっかり生きている人、生きようとしている人にとって、獄中での服役は「機会の喪失」で多大なマイナス、罰になり得ますが、社会でも刑務所でもどっちでもいい、または、そりゃ社会の方がいいに決まっているけれど、捕まってしまったら刑務所でも仕方ないという人には、さほどの刑罰になりません。

この場合の有効な罰とは、2度と刑務所なんかに入りたくないと骨の髄から感じさせることなので、「過酷な労働と教化教育、娯楽は最小限」を基本とすべきです。所内の規則自体は厳しくしたところで、受刑者は文句を言いつつ慣れてしまいます。

再犯受刑者にとって刑務所は暮らしやすい場になっているので、日本では脱獄というのは稀の稀です。日本の施設での職員は通常勤務では銃などの武装はせず、数十人の工場の受刑者に対して一人か二人で対応します。

こんなことは欧米の刑務所では考えられず、視察に来る海外の関係者は誰もが驚くそうです。これは、自由に対する要求の度合いがまったく違うということも影響しています。

また、人間の尊厳やプライバシーに日本の受刑者は鈍感で、作業中は用便の許可を要すること、四六時中、用便まで含めて見られていることなどについて気にしていません（私が長く務めて、動物以下だと自嘲する部分です）。

このように刑罰が苦にならないので、自分が「なぜ、こんな所に来てしまったのか」「なぜ、こうなったのか」と考える契機にはなりません。受刑者たちが自己の刑罰について考えることがあるとするならば、それは仮釈放くらいのものでしょうが、長期刑の仮釈放は短期刑の仮釈放に比べて恐ろしいほど短く、十数年の刑について数カ月もあれば恩の字です。

このような状況なので、長期刑の受刑者は、短期刑の受刑者ほど仮釈放をもらって出所しようとは考えていません。

その中で別格なのが無期囚たちです。彼らは仮釈放でなければ出所できないので、なんとかして仮釈放をもらおうと務めます。しかし第1章でも触れたように、無期囚の仮釈放までの服役期間は1980年代前半までは、概ね15年前後という「短い」ものでしたが、現在では「早くて35年は覚悟せよ」と言われるようになりました。

そして、40年、50年と務めているからといって出所できるわけではないのが現実です。

逆に言えば、40年、50年と務めていて仮釈放の申請がないケースも少なくないということで、無期囚の仮釈放申請というのは並の受刑者、つまり単に事故がないだけでは申請してもらえないこともあるとも言えます。

無期囚が最も留意することは所内で無事故ですごすこと、要は懲罰にならないことの一点に尽きるでしょう。無期囚は事故1回が、社会で懲役1年の刑を科されるのと同じとも言われているのです。喧嘩、口論はもとより、好意で仲の良い受刑者に何かをあげただけでも（もらった方も同罪です）処罰されます。

作業中の脇見もそうですし、うっかり無断で離席、交談（喋ることです）することも処罰の対象ですから、相当な覚悟と注意で生活しなければなりません。

なお、無期囚の出所後の保護観察は原則として一生です。稀に10年以上を経過後、個別恩赦を申請して許可となれば、解除されることはあるものの、滅多にありません。

また前述したように罰金以上の刑を科されると、どんな微罪でも仮釈放取り消しとなり、2008年施行の『更生保護法』では、定めた住居を許可なく移しても取り消しの対象となるので、生涯注意深く法を守って生活しなければなりません。無期刑は生涯の刑なのです。

一生出られない無期刑もある

無期囚の仮釈放申請には非常に厳しいものがあり、刑務所が申請してくれること自体が超難関です。さらに委員との面接でも初回は落とされる（不許可のことです）のがほぼ常識となっており、2回目の申請は1年から数年待たなければなりません。

許可の場合でも、出所できるのは最初の委員面接から1年は経った頃なので、短期受刑者の1カ月から3カ月程度での出所とは大きな違いです。

もっとも無期囚の大半は、己の欲や利得のための強盗殺人、強姦殺人なので、これくらいの厳しさは当然と言えます。

ところで無期囚の中には、初めから仮釈放のない者もいます。

これは㊕（マルトク）無期と言って、1988年6月に最高検察庁の次長名での「通達」によるものです。この通達は事件内容によって、特に仮釈放を「慎重」に考慮せよというもので、この「慎重」とは、要は出すなということを表しています。他にも検察庁は、求刑が死刑で判決が無期だと仮釈放で出さないとしていますし、裁判を終えた後、検察官や裁判官による判決文以外の意見書に「慎重」にとあれば、仮釈放はないに等しいとされているのです。

短期刑受刑者の短い刑では、服役が7回、8回になっても仮釈放になりますが、無期囚の仮釈放は超えられない壁が屹立《きつりつ》しています。そうであっても、実際に服役している私からすれば、表面的には「いい人」が多いのですが、仮釈放に値する無期囚はほとんどいません。

相手にも落ち度があるならまだしも、そうではないのにもかかわらず、被害者と遺族のことなど眼中になく、ひたすら「シャバに出たい」としか考えていないのが現実です。

自分がなんでそうなったのか一顧だにせず、反省も改心もなく、ただ表面上の懲罰だけに気をつけ、罪の意識もなく生活しています。このような者に仮釈放が必要なのかと強い疑念を抱くものの、形式的に条件を満たしていれば仮釈放の申請となるのは、各自の内心を覗《のぞ》けない以上、致し方ないのかもしれません。

社会で暮らすということを考えれば、表面上の見せかけの反省ではなく、その人が社会に対してどのような貢献ができるのか、そのために何を実践しているのかという事実を重く見て、社会に出すかどうかを審理すべきです。

長い年月を無事故ですごす、あるいは極力事故を少なくすることは容易ではなく、その努力を以って仮釈放でもよいではないか、という職員もいます。私もそうなってきましたが、共に暮らしていれば、極悪非道の事件を起こした人非人という見方よりも、ごく普通に話し、笑っている姿に親近感や好感を覚えることも少なくありません。

そういう印象を持つようになったからなおのこと、この人の本性は決して悪ではないのに、なぜ自ら非行を省察して更生し、将来をより善いものとしないのだろう、ほんの一瞬でも被害者や遺族のことを考え、激しい自責の念に苛まれたりしないのだろうと感じます。

心の奥底からの反省がない限り、反省も更生も絵空事

無期囚でいうならば、30年以上という歳月は、無期囚にとって十分な効力を持った刑罰と言えるのでしょうか。

単に法律的な意味だけであれば、30年以上という歳月は刑罰と言えるかもしれません。しかし、その歳月の中で自分を見つめ、改善する努力がないのであれば、法律的にはいい

のかもしれませんが、社会を構成する一員あるいは人間としての責務を果たさず、犯罪者の心を抱えたまま、表面だけ反省を装って仮釈放を狙うという醜い生き方でしかありません。

そればかりではなく、己を見つめ、長く考えることができる時間を与えられたのに、その時間を使うことなく、進歩のない1年を30回以上重ねただけという人生です。以前、31年間服役して仮釈放となった無期囚の手記を読みましたが、この人は31年間務めていて何もいいことがなかった、無駄だったと叙述していて、失望したことがありました。

このように自分が何をしたのか真摯な反省もなく、いいことがなかったとしか言えない態度の者でも表面を装っていれば仮釈放になることは釈然としませんが、それ以上に自分が何をして無期囚になったのかを考えれば、自身を客観視して改められる点があっただろうに、そんな考えしか持てなかったのか、と気の毒にさえ感じたものです。

己を反省するのに必要なのはメタ認知、つまり自身を客観的に見る視座、能力であり、何度も受刑者になるということは、これを欠いているということでもあります。再犯を繰り返す受刑者でも、善悪についてはわかる者が少なくありません。他者の犯罪、非道は悪と判断できます。それなのに、自分の犯罪となると悪とは考えられないのです。

常に他罰思考、自己中心的思考であり、自分のしたことについては毛ほども悪いとは考えず、ひたすら相手が悪いと決めつけています。反省、改善の第一歩としての自己否定、自己の行為の否定など考えず、自分は正しいとしか考えていません。

自分が変わらなければ、社会に出ても同じことを繰り返します。失敗したことにつき、やり方を変えずにやり続ければ結果は同じで、それでも続けることを「常軌を逸している」と言いますが、受刑者の生き方は、まさにそのものでした。

もし無期囚が仮釈放で社会に出たいのなら、出ること自体が一義ではなく、社会でまっとうに生きることが一義なのです。そのためには服役中に自分を改善しなければならず、長い時間は好機でもあります。

また、真摯に反省して己を改善することは、自分のためになることです。犯行時の自分の悪い部分とは縁を切って、正しい考えと行動により、犯罪者ではなく、まともな社会人として人生をより善きものにできる機会です。

自分が善い人間になるということは、被害者や遺族のためではありません。自分のためであって、犯罪者を真人間にするため、更生させるために被害者・遺族がいるわけではないのです。そうであっても、真に反省して改心したならば、被害者や遺族のことは頭から離れることはありません。被害者や遺族のために何かをしなくてはと考えなくても、本当の反省、悔悟の念があれば、それらの人々に関心が向かうのが普通です。

しかし現実を見ると、そのようになる者はほとんどいません。その主たる理由は、自分中心、自分唯一という感情から離れられないからです。より正確に言うならば、利害が絡まないのであれば、常習犯罪者であっても、相手のことも考える、いい人に見えてしまうものでした（獄内には明らかな「サイコパス」もいます）。

ところが、利害、損得が絡んだ瞬間、多くの者はいとも容易に豹変《ひょうへん》します。そして、自分のエゴを全開にして、他者のことなど配慮する余地はありません。

よく、犯罪者や受刑者と接した人がメディアで、彼ら（彼女ら）も普通の人だとわかったなどと語っているのを見ますが、それは表層だけを見ている浅薄な考えです。その時は互いの間に利害を争うことはなく、彼ら（彼女ら）が生活に困っていない、自己の欲望が起きていないタイミングだったからであり、表面上の一部だけを見た上での感想に他なりません。

そうかと言って、それらの者が1から10まで悪ということでもないのです。通常、人間の内側には、その比率は各人に差があるものの、善悪の両方が備わっていて、悪を理性で抑えているとも言われています。

フランスの思想家、ジャン・ボードリヤールは『不可能な交換』の中で、

「人間の魂の奥深くまで善と悪は入れ替わり、ひそかな妥協を交わす」

と語りました。受刑者や犯罪者は、自分の欲望や利得のためには悪を抑えようとはしないのです。それは他者に危害を加えることでも変わりません。

このことについて、うまく表現しているなと感心したのは、リチャード・ドーキンスの『利己的な遺伝子』においての、

「ある生存機械にとって、他の生存機械は岩や川や一塊の食べものと同じように環境の一部である。それは邪魔になるものか、利用できるものである」

という言葉でした。受刑者や犯罪者にとって、自分の欲望やエゴのためなら、他者は手段、道具でしかありません。それだから、金銭のためにまったく関係のない人を殺《あや》めても

気にしないのです。

そういう連中が内心まで普通の人になるには大変な困難が伴います。他者から言われたくらいでは到底変わりようがなく、自らの心の奥から強く望まない限り、反省も更生も絵空事でしかありません。

なぜ、反省して、普通に生きようとしないのか

再犯を繰り返す受刑者たちが反省しないのには、さまざまな理由があり、それぞれの犯罪内容によっても異なります。窃盗事犯で暮らしている者は、窃盗自体が悪質だと考えていませんし、「労働」時間と収益の割合を考量すると、正業で働くより効率のよい仕事になります。

この場合、捕まること、服役することはリスクでもなく、計算するととても割に合うものではありませんが、それはメンタル・アカウント（心の会計）に入っていません。

詐欺事犯にしても、騙される方がバカ、金を持っているから騙されるのだから相手は困らないはず、欲を出した相手も悪いなど、自己合理化のオン・パレードです。

殺人という事犯でも同様で、そこにいたのが悪い、抵抗するから仕方ない、性犯罪事犯では、抵抗しなかった、相手も望んでいた、大したことではないなどの認知の歪みが並びます。彼らは虚心に己を見つめ、自己の非を認めようとはせず、徹頭徹尾、相手が悪いという思考から離れられません。

この点は、同囚とトラブルになった際や、職員に無理な要求を再三繰り返す時の思考回路に表われています。一度《ひとたび》自分がそうだとなると、逆の側から見たり、相手の立場になってみたりという試みがないのです。

誰かがその誤りや非を指摘すると、その瞬間から敵として見るのが普通で、突如としてキレて暴れる、嘆くなどの行動に出て、そのことについて冷静に考えてみようということはありません。このような点が、その人自身の内側、内心、思考上での反省できない理由の中核となっています。

次に反省できない大きな理由は、反省して更生するぞ！　となると、自己否定の他にそれまでのライフスタイルや思考習慣を大きく変えなければなりません。ライフスタイルの最たるものは「就労」です。正業に就いて、真面目に働くことが最初のハードルになります。これが再犯受刑者にとっては大変な壁になるのです。

仕事というのは、好きな時間に起きるということではできません。たった、これだけのことができないのです。それで、すぐに面倒になって「やめた」「面倒くさい」「もう、いいや」となります。

いざ仕事になっても、獄内では刑務官という明確な立場の差がある者から、命令形で指示されるのがあたりまえなので、素直に聞けても、一般人が相手となれば一筋縄ではいかず、すぐに反発する、脅す、ということになるのです。

仕事ぶりも真面目とは言い難いケースが多々あるでしょう。この点は、今度こそ更生するぞと決意して、民間の出所者就労支援事業に参加してくれた企業に就職したのに、すぐに来なくなる事例が多発していることからも十分に推測できます。

近年は出所者の就労を支援しようという企業が増えて、それ専門の求人情報誌もありますが、定着率は一般人並みとはなっていません。自ら更生しようと考えている人にとって、社会で普通に暮らすというハードルは、みなさんが考えるよりはるかに高いのです。

そして、なんとか1カ月働き、待望の給料が出たとします。そこからまた一難となります。それは、一定の収入の範囲内で次の給料日までの1カ月を乗り切るのが至難の業となるのです。みなさんには悪い冗談か嘘のように感じられるでしょうが、事実です。再犯受刑者のほとんどが、計画性という思考がなく、自己抑制ができません。理由は知的能力もありますが、それ以上に自己の欲望を抑える、自己を律する習慣と訓練の欠如です。

以上説明したように、再犯受刑者が更生を期して就労し、その給料内で生活するためには、ライフスタイルのみならず、従前の思考習慣まで改めなければ不可能であり、ハードルは途轍もなく高いものとなります。

それが反省と更生を防げている大きな障害になっているので、教化教育を考えるのであれば、ここをどのように克服するかが課題です。どれだけ理屈でこうですよと教えても、自己の欲望や情動が昂じれば、それが不法であっても抑制できず、その是非善悪について客観的に考えられないのが、再犯を繰り返す受刑者です。

倫理や道徳規範や生活スキルを教育する以上に、感情の統制を身につけさせなければ、どれだけ教化教育をしても無駄でしかありません。それをどのように、誰が教育するのかを考えた時、今の施設・行政の枠内では不可能です。

要は刑務所に何度も服役することは、人生にとって絶大な損をしているという事実を具《つぶさ》に教え、目先の自分の感情、行動の損失を認識させ、すり込ませるのです。

私が共に話した、ある30代後半と40代前半の受刑者は「同窓会にはもう行けないです」という話で一致していましたが、その理由は同級生たちの大半は、仕事でもそれなりの地位・立場・収入がある他、家庭、そして自宅まで持っている者が多く、自分は尋ねられても本当のことなど言えず、みじめな思いしかなかったというものでした。

その時の会話で、30代後半の受刑者が「自分は同窓会になんか行けませんよ」と口火を切ると、40代前半の受刑者は間髪を入れずに「そう！　そうなんですよね！」と声を大にして同意していたのが印象に残っています。

私が彼らに質問したところ、定職、定収入、一定の住所もない今の状況では、望んでも家庭を持てず、彼らいわく、それで守るものがないというので度々の犯行、服役になっているのではないか、ということでしたが首肯《しゅこう》できます。

二人に、「次に出所した際には、まず高給とか夢を見ず、とにかく就職し、その収入の範囲で生活するのだと己に課し、継続しつつ貯金もする。その上で自分と価値観の合う女性と家庭を持つことを目標にしては？」と促すと、「そうなりたいですよね……」と言いつつ、定収入内での生活、就労の継続について辛抱できるかなと懸念していました。

彼らは、このような普通の暮らしや人生を望むだけ、ましな部類です。本当にその気になって、絶えずこのことを考えていれば、あるいは犯罪者生活から足を洗えるかもしれません。しかし、このようなまともな人生を所期、構想する受刑者は、想像するよりはるかに少ないのが現実です。

被害者・遺族と反省の関係

近年の教化教育の一環として、「被害者の視点を取り入れた教育」というのがありますが、多くの受刑者は自らの犯行による被害者のことは頭にはありません。ないから度々の犯行に及べるのです。これは窃盗犯も強盗殺人犯も強姦殺人犯も変わりありません。

それでも、ごく一部の受刑者は被害者やその遺族に謝罪の手紙、慰謝としての送金をする者もいます。その中の少なくない者が、仮釈放目当てでそのようにすることは否定できないものの、やらないよりはいいのかもしれません。

犯罪者、受刑者の反省には3つのパターンがあり、自分が捕まったのはこれこれこういう理由だから、次はここをこうして捕まらないようにやろうというのは論外として、あとは2パターンに分かれます。

その一つは自分中心で、自分がなぜこうなったのか、自己の欲望や感情の面のみを反省し、自己統制が必要と至るパターン。もう一つは被害者やその遺族の立場を考え始め、なんてひどいことをしてしまったのだろうかと初めて気付いて、そこから猛省して自己批判に至り、そうなってしまった経緯や自己の来し方を総体的に反省・改心するパターンです。

私自身は一つめのパターンでしたが、裁判中に事件についての検察官の供述調書朗読の内容に衝撃を受けて被害者の視点に立ったという経験をしました。自分は間違っていないという無謬性《むびゅうせい》が一気に崩れ、自分でも驚いたものです。

こうして被害者のこと、遺族のことを考え始めると、自分の行為の非道さに愕然とし、さっさと世の中から消えてしまいたいとも感じました。そして遺族との関係が始まるのですが、この関係は世間で言われているものとは違うのです。

いわく、真剣に謝罪を続ければ被害者、遺族は赦《ゆる》す。いわく、被害者・遺族が赦すまで謝罪を続けよ、そうすれば被害者・遺族も赦すことで新たな人生が始まる、などなどありますが、現実は違うものでした。

まず、加害者を赦す被害者・遺族は稀で、一定の価値観・思考を持っている人たちだけです。というのは、長く謝罪を続けても赦さない人は赦さないですし、逆に一度、二度の謝罪の手紙で、あっさり「もういいです」という人もいます。

これは宗教に帰依《きえ》しているからという場合もありますが、多くは、加害者ともうかかわりたくない、事件から解放されたいということなのです。

同囚にも、こんなにすぐ赦されたと言う者がいますが、遺族が前述のような人であれば、大した謝罪などしなくて赦されても、その本音は「かかわりたくない、かかわってくれるな」なのでした。

反省が必要な本当の理由

受刑者、犯罪者にとっての反省は、単に贖罪《しょくざい》や更生のためではありません。より善き人間になれる、より善き人生を送るためのチャンス・転換点なのです。なぜ自分がそのような犯罪を実行してしまったのかを追及すれば、それぞれの事情、状況は違うものの、認知の歪み、自己感情の統制不足、人生観の誤り・欠如があることに気付きます。

それを反省して改心することで修正すれば、単に普通に真面目に生きようではなく、より善く生きてみたい、より善く生きようとなることもあり、それを常に心がけて実践することで、その人自身のみならずその人生の質も向上するはずです（思考・観念だけで実行できなければ変わりません）。

するとその人生は、犯罪を悔いる、犯罪に走らないようにする、塀の中に戻らないようにする人生から、社会の一員として社会や他者に何らかの貢献、奉仕をしたいと希求する、あるいは実践する人生となる可能性も高くなります。

生きる基本は、仮に社会、他者への貢献、奉仕がなかろうと、犯罪などに走らず、普通に真面目に生きることで、それは価値ある人生です。1度犯罪者になった人間が更生すると、世間は立派だ、よく頑張ったなどと賞讃しますが、そんなものは賞讃に値するものではなく、あたりまえのことでしかありません。

よしんば、その人が多大な社会貢献をしたからといって、仮に殺人犯、強盗強姦殺人犯であれば、その罪は消えるものではなく、善き人生とも評価できないのです。この点、世間の人々は美談や美しい理念が好きなのか、勘違いしていることが少なくありません。

反省ということについて長く考究してきた私が痛感したのは、正しく深く反省すれば、単に真人間になるばかりでなく、それ以上の人間に変われる可能性があるということでした。罪を犯してしまった過去とスティグマは消せませんが、その後の人生をより善いものに変えられる大きな力になるということです。

たとえば、当所の受刑者の中にも稀ではあったものの、次の出所後の人生は犯罪に走らないことはもとより、社会のためになることをしたい、という人がいました。また私の知る中でも、一瞬の魔がさし初めての服役をした際に、猛省して更生をした人もいます。

彼はシングルマザーで育った若者ですが、服役を機に従前以上に母親を大切にし、野良猫まで面倒を見、派遣の仕事では契約切れの時に、君にいて欲しいとも言われる働きぶりを示しました。

また骨髄提供の登録後、提供する相手が見つかった時は、その日は仕事を休んででも行く、休めないのであれば退職してでも行く、と決めたのです。

彼は、「自分がこのようにできたのも半分は母さんのおかげ」と声を掛けたと言います。彼の優しさが、母親の心に響いたことが窺える話でした。彼は出所後の就職の際には、履歴書にできた空白期間（服役中のことです）について、率直に打ち明けたうえで採用されました。

服役が、彼の心の内にもとからあった良心に加えて、さらに善く生きるという思いを強く起こさせたことは否定できませんし、今後も地味で平凡であっても、正しい道を歩くことでしょう。このように反省すること、及び反省の仕方を身につけることは、その人の人生にとって大きな収穫になり得るのです。

正しい反省は自分を否定することから始まり、多くの受刑者にとっては受け入れ難いものでもあります。受刑者は一般の人に比べ、自己愛が強い人の集まりであり、1＋1は3であろうと自分の考えに疑問を持たない人種です。

また反省とは、単に「△△が悪かった」ではなく、「なぜ、そうなったのか」を徹底して追究することで、それによって自分が誤った理由、自分の傾向を知って、修正することに気付くことができます。

前述したように、反省の第一歩は自己を客観視することで、自己否定を厭わないことから始まります。再犯を重ねる受刑者は自己肯定力の低い人が多いのに、自己否定は嫌うことが普通です。単純に言えば、自己の否は認めないということです。

反省の際の自己否定は、己の悪い点だけを挙げて満足する惰弱な自己卑下ではなく、あたかも他者のことのように自己を離れて、自己の言動について省察することです。これが習慣化すると、平生の暮らしの中においても、自己の言動についての客観視ができ、感情の統制につながっていきます。結果として、正しい思考と行為によるまともな人生、さらには自己を犠牲にしても社会や他者の役に立ちたい、貢献したいとなることも不思議ではありません。

さまざまな生き方があり、何か特定、唯一の生き方が至上であり、尊いとすることはできませんが、自らの過ちを悔い改め、社会や他者のためになる生き方を模索・実践するのは悪くない生き方です。

仮に犯罪者、受刑者が改心して、そのような生き方をしたのならば、社会や他者に対してよりも自身に対して善い生き方と言えます。この場合、それによって被害者や遺族が報われる、その人たちのためにもなるという言い方、あるいはそれが解決になるとするのは的外れです。被害者は、そんなことのために存在しているのではなく、加害者のその後の更生、生き方と被害を受けたこととは関係ありません。

加害者が改心することは、被害者のためにもなる、成仏する、報われる、というのは、被害者以外の周囲の人たち、世間の「こうあらねばならない」という実は根拠もない理念、願望、予定調和的な慰謝と贖罪についての言葉です。

また寛容と和解を標榜する人々が、加害者の反省、改心、更生によって、被害者の受けた被害、災いを軽減しようとしたり、加害者を評価したりしようとしますが、それも欺瞞で、やってしまったこと自体（犯罪自体）は、その後にいくら改心、更生しようと変わりません。

明治の宗教家の綱島梁川《つなしまりょうせん》は「人生最高の価値は知識にあらず、黄金にあらず、名誉にあらず、ただ一個の善人たるにあり」と語りましたし、時代も場所も異なるソクラテスも「いちばん大切なことは、単に生きることではなく、善く生きることである」と語っています。

罰と反省のパラドックス

私は下獄後、ある時まで、

「受刑者の無反省とは、なんとひどいものだろうか。自分の欲望でまったく関係のない人を殺しておいて、何一つ反省しないとは、生きている資格もない」

と、我が身を棚に上げ、義憤らしき感情を懐《いだ》いていました。

しかし、ある時に「そうか、そういうことか」とコペルニクス的大転換となったのです。それは、無反省、無改心、更生なしの彼らの生き方自体が罰になっていたからでした。

前述したように再犯を繰り返す受刑者たちの思考は、大半が「足るを知りません」から、常に欲望、情欲に支配され、自分を統制することができません。塀の中では、衣・食・住に心配なく、日々の生活も規則で制限されているので生活や遊興のための金銭を得る必要がなく、犯行に走ることは滅多にないものの、頭の中では出所後の欲望が渦巻いています。

獄内での彼らを見ていると、ないものねだりで、多くのことに不満を口にしながら生活しているのが伝わってきます。自己統制を学ばずに出所すれば貪欲の虫が騒ぎ出し、自己の能力・努力に欠けていることが多いがゆえに、また犯罪に走るしかありません。

その結果、塀の中に戻ってくるのですが、それの繰り返しで一生を終え、本来の人間が体験できるであろう、まともな人生は経験しないまま、多くのことが欠落した人生しか生きられなかったということになります。

自分の欲望、利得のために、なんの恨みもない関係のない人を殺しておいて、反省の欠片《かけら》もないというのは獣の心です。人間として生まれたのに、獣の心を抱いたまま生きていることに気が付きません。これほど、皮肉な罰はないでしょう。

獄という字は、ケモノや犬がものを言うと書きますが、ケモノや犬に失礼ながら、受刑者を見ていると、言い得て妙だと感心すること頻りです。反省しない、気付かないということは、いつまでも同じことを繰り返すということで、彼らは普通の人生、生活を知らないまま、いつまでも欲望の虜《とりこ》から脱することができない人生を送ります。

世の中には「因果応報」とか「天網恢々疎《てんもうかいかいそ》にして漏らさず」（老子）など、うまいことを言うものだと感心する言葉がありますが、まさにこの言葉が、無反省の受刑者たちの人生を表していました。無反省というのは、犯罪と縁が切れないだけではありません。自己の欲望、情動をコントロールできない状態が続くのですから、自分の思い通りにならなければ、あらゆることに不満を持って生活するわけです。

自分の努力や能力で変えられるのならまだしも、そうではないことに不満を持ち続けることは、自分で自分に苦痛を与えるのと同じです。日々、思い通りにならないあらゆることに不快の念を抱いて生きているのですから、大変だなあということになります。

我が非を悔い、「なぜ、そうなったのか」を考究することで、以後の人生の質が変わる可能性があるのに、それを自分で捨ててしまっている人生です。そうして、不満を持ちながら人生の末期《まつご》を迎える時、どんな思いでいることでしょうか。

天は残酷だなと感じつつ、人生とはうまくできているものだ、自分はそうならないように自戒せねばと改めて感じます。

人が何かを希求する時、その動機と結果を結ぶのが努力であり、能力であると信じてきました。

不運にして実を結ばなくても、努力なり、取り組むなりしたことは決して悪いことではありません。考え方次第では次へのステップになることもあります。その行為によって身につけられることもあるかもしれません。

しかし、動機と結果を短絡的に犯罪で結んでしまったのでは、その人が持つ本来の能力や、できたであろう努力の否定になり、安逸な思考と習慣が身につくだけで、そのうえ無反省となれば、その連鎖から脱することは困難になります。

未来の展望もなく、自身の成長もないそんな生き方は、無残で不毛ですが、反省なき者には相応しいのでしょう。それこそが「天罰」と言えるのかもしれません。

第6章
私の贖罪

罪状は2件の殺人

ここまで、いろいろと他の方のことやさまざまなテーマについて自分なりの意見を述べてきた以上、私の罪についても触れておかなければなりません。私は金融業を営みながら20代半ばに暴力団幹部となりましたが、その後、足を洗い本業に邁進《まいしん》していました。幹部といっても組長は象徴みたいなもので、実質私が舎弟頭として組織の運営をしていたことが影響した面が否めません。

前にも触れましたが、私は2人の人間を殺めました。初めての殺人事件は、私がまだヤクザの世界にいた時のことです。被害者遺族の感情を考えて詳述は控えますが、組の兄貴分が連れてきた知人でした。その被害者は覚醒剤を乱用するほか、頻繁に私や私の配下の者にカネの無心をして悪びれない上に、私が苦心して作り上げた組織の害にしかならない態度が私や私の下の者たちの怒りを燃え上がらせた結果、犯行に至りました。実行したのは私と運転手役の舎弟の2人で、私が相手を刺殺し死体を遺棄しました。当時、非は一方的に相手にあると考えていたので逡巡したり、悪いといった意識はまったくありませんでした。もちろん警察に出頭する気などありません。

その事件は発覚することなく数年後、2度目の事件へとつながります。この時はすでに足を洗って堅気の仕事をしていましたが、被害者が重大な約束の不履行を何度も起こした挙げ句、しかも謝罪もなかったことから私の信条に鑑み赦すことはできず相手を殺すことに至りました。この時、私と被害者のトラブルは多くの人間が知っており、相手がいなくなれば私が疑われるのは自明の理でした。それでも日頃から口にしたこと、決めたことは自分の生命・損得にかかわらず必ず実行するとしていたための蛮行となりました。

そして警察に逮捕され、1件目の事件のことも明るみに出て、無期懲役の判決を受けて今日に至ります。

早いもので刑が確定後、服役してから四半世紀以上が瞬く間に過ぎました。本当に瞬く間で、この世界に異次元の時間域があるかのようでした。仮釈放については、服役が始まった初期に考えたことはあるものの、それは漠然としたもので、社会に出ないと決めてからは、自分に関係することとは考えなくなったのです。

反省を重ねていく過程で、罪を犯したのだから善行をするというのではなく、心の底から誰かのために、社会のために役に立ちたいと強く希求するようになりました。また、そうしなければ私はこの世に存在する資格がないとも感じるようになったのです。相手からの感謝や世間の評価は眼中になく、ただただ役に立ちたい、それこそが人間の生きる道、意義なのだと悟ったことは、この服役の中で意味があったことの一つでした。

それでも、出版の機会を持ってから、このような私を支援、応援してくれる人たちも現れ、中にはありがたいことに「是非出所して社会で児童擁護施設の子どもたちへの奉仕をすべき」と言ってくれる人たちもいました。

親のない子どもたちへの奉仕は、社会にいた時からやっていたことで、当時の目標は40代後半から50代前半の頃に仕事の第一線から退き、子どもたちが自分の願望を実現できる能力、精神力を培う施設を作り、普段の生活に対しては経済的に一般家庭以上の応援をする、という計画でした。

他にも、社会で十二分以上に通用する能力を身につけさせる、スポーツや他の習い事での適性を見て、それを支援するなど、さまざまな支援を通じ、彼ら彼女らが将来は自分と同じ境遇の子どもたちを支援することを希望していました。

そして、その思想が連綿と継承されることも構想していたのです。きっかけは、18歳の時に街中で小学校時代の同級生とばったり出会ったことでした。小学校時代、彼は施設の子で、他の子にいじめられたり、服装や靴などバカにされたりしていたのですが、私がそれをやめさせて以降、仲良くなり、私の家に来たり、彼の施設に遊びに行ったりという仲になりました（遊びに行った時、遊びに来たのは私が初めてと施設の職員に言われて驚いたものです）。私は正義の味方などではないものの、父から弱い者を守れ、味方になれという躾《しつけ》を受けたこともあり、彼とは彼の転出まで付き合いが続いたのです。その彼と街で会った際、お茶を飲んで話したところ、夏なのに長靴姿の彼は身元保証人がいないせいで、希望の会社に就職できなかったと、しょんぼりと話してくれました。

施設では、18歳以上になって出た人の保証人にはならないとなっていたからでした（彼との面会以降、彼のいた施設に寄付を続けていましたが、現在も施設は保証人にはならないのが普通です）。彼は性格のいい男で、こんないい奴を採用しないとはなんなのかと憤りを感じましたが、父から世の中はそんなものと聞かされ、それでは自分が社会で地位も財力も持って、そうした子どもたちの力になってやろう、そういう子どもたちが自分が望むような人生を歩める能力を養える施設を作ろうと考えたのです。

服役後も、ささやかながら、施設や、母が視覚障害者だったので盲導犬協会への寄付を続けているものの、社会で存分に働くのと違って経済的に限りがあるため、自分が望むようにはなっていません。死ぬ前に、わずかでも善いことをして終わりたいと、施設の子どもの大学進学の費用を出すことを目標に、他の方法が使えないため、出版に尽力していますが、能力か努力の不足なのか、今のところ成就していないのが実情です。

そんなこともあって、まっとうな社会にいる知人は私の仮釈放を希望してくれ、社会の役に立つために再考をと促してくれたこともありました。非常にありがたい厚意で、私が社会に出たら、実現もできるでしょうが、私の内では、すんなり、そうとはいかない心情があります。

「騙そうとする悪い者には、きっちりけじめをつける」が父の教え

もともと私は常習犯罪者ではないと自負しています。若い頃から、自分はこう生きる、こうなるのだという大いなる野望と目標を懐いて、それを少しでも早く実現するために、

時間あたりの効率を自分の限界域まで広げながら向上させ、かつ、極力睡眠時間を減らして活動する、という生活をしてきました。

子どもたちへの寄付も続け、街中で視覚障害者がいれば積極的に介助、支援をする青年でもありました。自律心の強い母の教えである、他人に迷惑をかけないという言葉を守って、公徳心はある方だったと思います。

しかし、金融業をしていた父の教えである、騙そうとする悪い者には、きっちりとけじめをつけてやれという言葉を胸に、そういう人間に対しては別の人間かと思われるほど、厳しい対処をすることが「正しいことである」として生きてきたのです。

それが昂《こう》じて、法や他者の生命より自己のドグマを優先するという、取り返しのつかない所業につながってしまいました。

当初の私は、やった行為（殺人）は悪い、ゆえに自分が死刑になってもいいという倫理の対称性によって、裁判の進行中は生きていても仕方がないと思い、死刑以外の判決となって生き延びたいとは考えませんでした。もう夢も目標も追えない以上、父の存命中は生きるものの、その後はさっさと死ねばいいという考え方でした。

私にとって生きるとは、常に夢、野心、目標を持って、それに向かって一直線に突き進むこと、取り組むこととしか考えられなかったのです。この時の私は己の愚行について、自分の側からの視座、立場からしか捉えられず、生命を奪ったことは悪いが、それなりの理由はあるとし、弁護人になってくれた先生たちにも、死刑でいいので、やったこととそうでないこと、事の是非を公判で明らかにして下さい、とお願いしていました。

中学生の頃から『葉隠《はがくれ》』に傾倒したことや、戦国時代の武将の子どもたちが、志を遂げられなかった父と共に幼くして立派に自裁するのを知ったこと、戦後の闇社会で無頼漢として勇名を馳せた父が、自分を狙ったから逃げないどころか向かっていったのを知ったことなどが重なり、自分の命に執着することなく、あっさり捨てるのだと決意していたからです。年を経るに従ってその思いが確固としたものになっていたこともあり、さっさと死ぬことを望んでいました。

なぜ仮釈放を望まなくなったのか

そのような考えながら、裁判後半に事件の調書を朗読する検察官の言葉で、雷に打たれたような衝撃を受け、自分が被害者の立場になって考えるようになったのでした。後で弁護人の先生たちとも話しましたが、なぜ、突然にそうなったのかはわかりません。

その時、自分のした行為はどのような事情があるにせよ、冷酷なことであると考え、被害者とその遺族の側からも考慮するようになりました。さらに服役後は、常識を逸脱することの多い同囚たちと暮らすうちに、物事の見方、現象や状況についての捉え方には、唯一というものがないケースもあり、同じ物を見ても、人によっては異なる思考、見方があるのは当然とも斟酌《しんしゃく》するようになったのです。

私は子どもの頃からいつもボス、リーダーであり、それは社会人となってからも変わらず、常に正しいか正しくないかを考えてきたつもりがいつしか独善的になり、誰かに誤りを指摘されることもなく、自分に誤りなどあるわけがないという無謬《むびゅう》性に強く囚《とら》われるようになっていたのでした。

服役後の反省によって、正しいか正しくないかについては、逆あるいは複眼的に考えてみること、万が一、自己が正しくても、その相手の誤りは命を奪うほどのものでもなく「ま、いいか」と見ることも必要ではと再考するようになりました。

現在でも悪い人間、汚い人間などには憤りを感じるものの、生命を奪うほどのことはないのだ、気に留めることも不要だと考えるようになっています。そして、私が己の所業の反省をする時、絶えず脳裏に去来するのは被害者の遺族である母親でした。

事件前、この人と私は互いに相手を好意的に感じる関係であり、母親の供述調書では、事件以前は、私のことをいい人だと思って付き合っていたとありました。

その人が公判で私を死刑にして欲しい、それができないのなら、一生、刑務所に入れておいて欲しいと述べた時、私は「そうだろう」と首肯したものでした。私が深く反省するようになったのは服役後ですが、反省が深まり、自分の独善的な物事の見方、無謬性の誤りを知った時以降、常時、被害者とこの母親のことが胸奥にあります。

自分の子どももともう会えない母親のことを考え、私が我が子と会い、手紙のやりとりをするのは不公平になるため、成人してから私に会いたいと何度も手紙をくれた息子には「会わない」と返事を出しました。それでも息子は私に会いたかったようで、急に面会に訪れ、私も小さな頃以来久しぶりに顔を見たかったこともあり、最初で最後の面会をしたのです。

その時、息子は20歳、本年で40歳になりますが、今はどこで何をしているかはわかりません。彼も私のエゴの犠牲ですが、こうでもしないと、自分だけ子どもと会うのは狡《ずる》いと感じたからでした。

私は狡いこと、汚いことが大嫌いです。そんなこともあり、会いたいと来てくれた息子とはそれっきりです。しかし、それが謝罪の一部になったとは考えていません。

殺人に償いはない！

過失致死ではない殺人罪には償いはないというのが、以前からの考えで、今も同じです。償うというなら、生き返らせてくれということになります。それはできないので、償いとか賠償はありません。

「刑務所で償ってきれいになって来い」などという言葉は法律的なもの、または被害者の被害が本当に軽微な犯罪に限る、というのが持論です。法律的には所定の刑期を務めあげることで満たされるでしょう。

しかし、殺人は別です。『魂を贖《あがな》う値は高く永久《とこしえ》に払い終えることはない』という旧約聖書の言葉のように罪を贖うことは不可能で、殺人犯は反省と謝罪を生ある限り、続けなければなりません。

私にとって父の死も大きな転機となりました。これで私はいつ、どうなってもいいという心境になったのです。その時、私にとって生きる糧、理由でもあった父の死に追随しようかとも考えていましたが、その前に身勝手ながら、悪行で終わるのではなく、最後は善行で終わろうと、前にも述べたように施設の子どもの大学進学を支援するという目標を立てました。それ以上に自己という存在が徹底して他者や世の中のためになること、なりたいと熱望するようになったのです。

これは単純に私のエゴであり、これをしたからといって、私の罪が軽減されることはいささかもありません。また、ひたすら自分を貶《おとし》めて自己満足に浸る、卑劣な思いもありません。真摯な反省、謝罪とは何かということをずっと考究してきましたが、未だに「これだ」というものはありません。

被害者は私に殺されていなかったならば、あの母親と楽しい人生をすごすこともできたでしょう。私が被害者を殺したことで、本人だけではなく、母親の人生も壊してしまったのです。むろん、私の家族の人生も同じでした。

あの母親は街で、テレビで、我が子と同年代の人を見る度にどんな思いになったのか、何かある度にあの子さえ生きていてくれたらと、どれだけ考えたことでしょうか。

みなさんも経験があるかもしれませんが、誰かを憎む、誰かにやり場のない怒りを抱えるということは、心身共に多大なストレスになります。それが一過性のものではなく、生涯続くのです。

そのようなことも考えず、ひたすら「シャバに出たい」などとは、とても口にできませんし、考えられません。それは自分がやったことを省みない、自己中心的な浅ましい言動だからです。

どのような事情があろうと、殺人犯、犯罪者となったのは我が身の愚かさ、不徳ですが、私は卑劣、卑怯、汚い人間にはなりたくありません。自分でやるべきことをやり、それ以外では自分を捨てることを実践することが望みです。

自己及び自己の欲に執着しない、自分の目標の他はどうでもいい、というのが正直な本心です。

仮にどんな善行をしても遺族には関係ないこと

私を支援、応援してくれる人たちは、みなさん寛容な心の持ち主で、温かい言葉を掛けてくれ、中には社会に出て奉仕をしてと、私を社会に出すために動こうとした人もいて、私にはもったいないと、いつも感謝しています。

仮に私が社会に出て、多くの子どもたちを進学させたとするなら、功利主義の思考ではプラスです。功利主義の大前提は、「社会全体の功利」のプラスマイナスを考えるということなので、そのように考えることができます。

私も他のことを一切考慮しないのであれば、存分に稼いで子どもたちに夢を見せてあげたいです。しかし、被害者、遺族の側から鑑みれば、そんなことは関係ありません。たとえば、1万人の子どもを進学させた、その子たちの願望を叶えるのに手を貸したとしても、私の罪は消えず、遺族の母親の思いは変わらないのです。

世間では、加害者が猛省し更生することで被害者への償いにもなるという考え方がありますが、美辞麗句の予定調和的な妄想でしかありません。そのように反省して真人間になることが、被害者の供養となるとも言われていますが、そんなことはありません。

加害者の更生で被害者の死も無駄にならないなど、こうでも言わないと被害者が浮かばれようがないからと、牽強付会《けんきょうふかい》のごとく、こじつけているだけで、大半の遺族は加害者の死、若しくは困苦苦痛《こんくくつう》、不遇を希求しているのです。それでは人間に救いはないだろうと感じる人もいるでしょうが、現実はこの通りなので致し方ありません。

死刑廃止論者が、加害者を処罰して何になるのかと言いますが、当事者たちの思い、苦しみを見ようともしないその理念は思い上がりに近いものであり、被害の回復も慰謝もない、あまりにも独善的な主張です。

そうであっても、人間の世界には赦しもあり、美しい理念、理想があるはずという人もいるでしょうが、それは被害者や遺族のことを考量に入れてないから言えるのです。中にはその遺族が加害者を赦し、交流までして「ほら、人間とはこのような崇高な生き方もできるのだよ」と賞讃することもあるでしょうが、それは非常に稀なケースで、普遍的ではありません。

また近年、受刑者の中には、宗教に帰依して、特にキリスト教での赦しの教えを以って、我は赦されたのだ、と核心には正対せず、己の醜悪な部分を見ずに反省した気になっている者が見られるようになりましたが、なんとお手軽で軽薄な行為なのだろうかと呆れています。

自己否定、自己批判と、自己卑下、自虐とは違うものですが、自分の心を楽にする反省というのは私の中では成立しません。自分の内の醜い部分を直視し、その傾向を除くように努め、あるいは弱めるように心がけ、実践するのが反省です。そうした諸々の考えがあって、自ずと私は出所しなくても不満、不服はないと感じるようになったのでした。

むろん、社会に出てバリバリ頑張って結果を出し、子どもたちに強力な支援をすることができることは善いことに決まっていますし、私も生き甲斐を感じることができるでしょうが、私にはそれ以上に重く見なければならないことがあるのです。

服役生活は、何か生産的活動をしようとなった時、何から何まで制限と制約の集積した世界です。本をたくさん読んで何かを書こうとしても、所持冊数、荷物量に制限があって、すべてを手元に置いておくことはできなくなります。原稿を書いても1カ月に提出できる枚数に厳しい制限があり、さらに数週間の検閲期間があり、円滑に社会とやり取りできるわけではありません。

原稿を書くにしても、消しゴムの購入制限があって、月に1個しか買えません。さらに私にとって痛いのは何事も徹底してやらねば気のすまない性分なのに、就寝時間は夜9時となっていて、活用したくても活用できない時間が山のようにあります。

「時間原理主義者」の私にとっては誠に痛い暮らしになっているのですが、これも罰のうちと解釈しています。人生に目標もなく、ただ毎日を安楽に流されて生活するのであれば、刑務所は楽園です。生産的活動も、刑務所に入ったのだからと一切を放棄するのは受刑者にとっては常識になっています。いわく、塀の中に入っているのだから何もできないのは当然、というわけです。

しかし、私はそのような生き方はまったく肯定できません。それは逃げの生き方であり、己を安楽に置くことは、自分の持てるものを出さない己への背信でもあります。これまで何冊かの拙著でも述べたように、中学生の頃に出会ったロマン・ロランの『ジャン・クリストフ』の中で語られていた、自分にしかなり得ないものになるために生きる、努力するという思考と行動から離れることは考えられないのです。

そんなわけで、他の手段が使えなくなったこともあり、芳しくはなくても原稿を書き、本を出すことを続けています。もちろん目の前のやるべきことには手抜きせず、最善を尽くすことしかできないので、苦でもありません。

こうした私の行為は反省とは別のものであり、与えられた環境下において、最善を尽くすのが私の習性というだけのことです。このような生活がいつまでも続くことは望んでいません。あの遺族の母親の存命中に決着がつくというのが理想であり、その結果を受け入れ、対処するだけです。

自分にできる責任の取り方は、自分を顧みないこと

加害者、犯罪者だからこそ考えるのではなく、もともと、自分が望むことができないなら、自分は不要と決めてきただけであり、己の信条は自己の命など問題にならないくらいに重いもので、犯罪者になってからは、それをより強く自覚するようになりました。

拙著の読者の中には、犯罪者なのだから余計なことなどしないで反省と贖罪だけしていろ、という人もいて、それは正当ではあるものの、私の人生は第一に私のものであり、他

者の評価は眼中にないので変わることはありません。自分にできる責任の取り方は、自分を顧みないことです。

自分を顧みないことに逡巡はなく、息を吸って吐くのと同じようなものです。最後のぎりぎりまで最善を尽くし、不可能となれば執着しません。結果を出せないのに、いつまでも生きるというのは私の生き方ではないからです。自分がやりたいことをやる、それは加害者、犯罪者ですから一つのエゴで、遺族からすれば赦せないことでしょう。

そうした私のエゴもあって、ペナルティーの一部としてここを出ない、社会での人生を顧みないということでしかありません。単純に他のことを捨象して出るか出ないかを考えれば、出た方がいいに決まっているでしょう。前章で、罰とは何かについて述べましたが、仮に私が社会に出るに値する、あるいは相応しい人間になっていたとしたら、出ないという選択は罰として一層効力を発揮することにもなるのです。

出ても悪事しか働かない、刑務所内では安逸を貪ってばかり、というのでは罰になっていませんし、社会に出す価値もないと言えるかもしれません。それだけに自分はそうならないように生活しなければと心がけています。

目標を達成するまでと言いつつ、際限もなくだらだら続けることは、私の嫌忌するところであり、そろそろ、結果の黒白《こくびゃく》を決する時でもあると考えています。仮釈放については自分とは関係ないものとしか思えず、葛藤など微塵もなく他人事《ひとごと》でしかありません。

自分がそういう人間であったことへの納得もあり、日々は明るいものです。被害者を出したことは痛恨の極みですが、服役して多くの自分の至らなさ、人として必要な面に気付かされ、入らないには越したことがないものながら、服役生活は無駄ではありませんでした。このように叙述することに罪悪感、罪責感はあるものの、偽らざる正直な思いです。

私にとっての服役生活の意義

私は社会では極度に偏向した面や、過剰な面を持って生きていました。そのことについて立ち止まってじっくり考えることもなく、独善的に生きていたのですが、前述したように犯罪者として生きていたのではなく、むしろ日頃の社会・コミュニティでの生活態度や働き方を見れば、模範的な青年とも言えたでしょう。

そんな自分が当所に来て、人間がこんなに反省せず、ここまで堕ちることができ、なおかつ平気なものなのかと愕然としたものです。それ以上に衝撃を受けたのは、結局はそのような受刑者たちと自分は同じなのだと知ったことでした。

日々、他者には親切をモットーにして真面目に熱心に仕事をし、未来を夢見てきた自分がこうなったのは、それだけ過ちの性質が大きく深かったからなのだ、因果応報、自業自得だ、往生せよとなるまで時間はかからず、社会に出ないとした時から欲も消え、心には平穏《アタラクシア》さえ訪れました。

めげる、挫ける、引き摺るということもなく、明朗な心ですごしています。

同囚たちのように「シャバがどうこう」「シャバだったら、もっとこうなのに」と思うこともなく、塀の中が自分の世界というので恬澹《てんたん》としたものです。

ミルトンは『失楽園』の中で、「心というものは、それ自身一つの独自の世界なのだ、地獄を天国に変え、天国を地獄に変えうるものなのだ」と語りましたが、それを実践することも覚えました。

ただ、私がこのように暮らせるのは、社会にいて私を支援してくれる人がいるからで、その点についても、深く感謝するとともにいつまでもこうしてはいられないと考えています。

それでも塀の中、刑務所というのは精神の内的生活をするのには相応しい場であり、それができる人ならば、成長も十分に望める「修養」の場と知りました。

フランスの小説家セナンクールは、自伝的小説『オーベルマン』の中で「人間の本当の生活は自身の内にあって、外部から受けるものは偶然の第二義的なものにすぎない」と語っています。この言葉の意味が観念ではなく、経験としてわかりました。

社会にいた時の私は、学問や知識については懐疑的で、すぐにその通りと信じるのではなく、書物などでも多数の書を渉猟した挙げ句、どうやらこれが正しいようだと判断していました。

服役してからは、それを自分のあらゆる思考、価値観、志向にあて嵌《は》めて問うようになり、自分の内では思考が深まり、より正しいものへと進んだと感じています。

私には長所もあったものの、短所が致命的に偏向していて、このような大きく失敗した人生となりました。そのことについては、納得しています。と言って、今の境遇を嘆いているわけでもありません。私は甘っちょろい生き方をしている自分であるなら許せない性《た》質《ち》なので、これが自分の運命なのだから、抗える部分には抗い、そうでない部分は受け入れるのみです。

もっとも私自身、捨てることで得られたことも少なくなく、仮に服役しなかったならば、気付かなかったであろうという面も多々ありました。

精神の成長、修養という点だけを見れば、自分の過剰にあったもの、不足していたもののバランスを是正し、違う世界も見られるようになったと言えます。

「そもそも、よき精神を持つだけでは不完全であって、よき精神を正しく働かせることが大切である」

これは、デカルトの『方法序説』にある言葉ですが、これを服膺《ふくよう》し、実践したいものです。社会にいた若い頃、自分は60年も生きたら十分と感じられるような濃い生き方をしよう、人生は太く短くと考えていましたが、61歳になり、自分の性格ではこれでいいというのがないことも悟りました。

以前は、たとえ獄中でも最善を尽くし続ければ、社会で怠惰に生きるよりはいいだろうと考えていたものの、何をどのように言おうと、しょせんは失敗した人生です。

失敗人生というのはわかりきっていることなので失望もありません。本当にピースの欠けたジグソーパズルみたいな人生ゆえ、とにかく完成させるまで最善を尽くすことだけ考えています。

完成の暁には、ピースの欠けた部分を絶えず指先でなぞり、己の愚行を意識し続けるような人生です。合わせてとにかく誰かのためになるような生き方をすることを望んでいます。

謝罪、贖罪には、これだという普遍的な形はなく、対被害者・遺族とのケミストリーによります。その関係性の中で私は私にできることをやるまでです。他者に評価されたいという念は毛頭ありません。自分の信条の中で自分が努力を怠らなかったと感じることを一義としています。

私は処世において呆れるほどの愚か者で、このようになったのも宜なる哉というところです。時に「機械仕掛けの神」などと訳されるデウス・エクス・マキーナでも登場して、大団円となり、バリバリ社会奉仕に打ち込めたらと、ほんの刹那考えるものの、そんなことは起こりません。

なんとかは死ななきゃ治らないとは言い得て妙です。毎日、被害者と遺族のことを忘れないこと、取り組んでいること以外では自己を捨てること、これはもう私の血肉となりました。自分のしたことを省みず、ひたすら社会に出るのだ、目先の欲望だと生きる醜悪さだけは避けるという思いも強くあります。

私は何事にも主体性を持っていると自負しているがゆえに、獄内の暮らしでは不条理、理不尽と感じることも多々ありますが、それらを受け身の我慢、忍耐で受け入れるのも一つの訓練、修養です。

人は何か目的を達するため、己に益するための努力や積極的な忍耐はできても、この不条理に静かに耐える忍耐は苦手なもので、私もこのことを身につけるべく生活しています。最後まで、お付き合いくださり、感謝しています。また機会があれば、拙著あるいは支援者によって運営されているネット上のブログを読んでいただければ幸いです。私は今日も目の前のことに没頭して生活していますが、みなさんの善き人生を心より願っております。

美達大和［みたつ・やまと］

1959年生まれ。無期懲役囚。現在、刑期10年以上で犯罪傾向の進んだ受刑者のみが収容される「LB級刑務所」で服役中。罪状は2件の殺人。2009年、『人を殺すことはどういうことか』（新潮社）を上梓して、注目を浴びる。その後も『死刑絶対肯定論』（新潮新書）、小説『夢の国』（朝日新聞出版）など著書多数。月に100冊以上の本を読む本の虫。現在までに読破した本は8万冊以上。支援者たちが運営する「無期懲役囚、美達大和のブックレビュー」のURLは、http://blog.livedoor.jp/mitatsuyamato/

編集：小川昭芳

罪を償うということ
〜自ら獄死を選んだ無期懲役囚の覚悟

二〇二一年 四月六日 初版第一刷発行

著者 美達大和
発行人 飯田昌宏
発行所 株式会社小学館
〒一〇一－八〇〇一 東京都千代田区一ツ橋二ノ三ノ一
電話 編集：〇三－三二三〇－五一一七
販売：〇三－五二八一－三五五五

印刷・製本 中央精版印刷株式会社

Printed in Japan ISBN978-4-09-825393-7